编委会

顾问：

 李润田　王才安　孙培新　王文金　张秉义　关爱和　娄源功

编委会主任：

 卢克平　宋纯鹏　张锁江

编委会副主任：

 谭　贞　张宝明　季　波　许绍康　孙君健　孙功奇　杨朝阳
 王学路　冯淑霞　傅声雷　张立新

编委会委员：(按姓氏拼音排序)

 蔡　军　程遂营　丁翼虎　冯淑霞　傅声雷　洪　浩　桓占伟
 姬志闯　季　波　孔令刚　李永鑫　卢克平　苗长虹　祁琛云
 任东景　宋丙涛　宋纯鹏　孙功奇　孙君健　谭　贞　王鹏飞
 王思琦　王性玉　王学路　武新军　席卫权　许绍康　杨朝军
 杨朝阳　杨光辉　杨国安　于华龙　展　龙　张宝明　张大超
 张立新　张锁江

丛书主编：

 孙君健

执行主编：

 展　龙　杨国安　桓占伟

副主编：

 丁翼虎　孔令刚

丛书主编 孙君健
执行主编 展龙 杨国安 桓占伟

夷门传薪学人传丛书

夷门传薪学人传
许兴亚

张兴茂 李保民 著

河南大学出版社
·郑州·

图书在版编目(CIP)数据

许兴亚／张兴茂，李保民著. -- 郑州：河南大学出版社，2023.12

("夷门传薪学人传"丛书／孙君健主编)

ISBN 978-7-5649-5775-9

Ⅰ. ①许… Ⅱ. ①张… ②李… Ⅲ. ①许兴亚-传记 Ⅳ. ①K825.31

中国国家版本馆CIP数据核字(2024)第016319号

夷门传薪学人传　许兴亚
YIMEN CHUANXIN XUEREN ZHUAN　XU XINGYA

责任编辑	李亚涛
责任校对	陈　巧
封面设计	翟森森
出版发行	河南大学出版社
	地址：郑州市郑东新区商务外环中华大厦2401号
	邮编：450046　电话：0371-86059701(营销部)
	网址：hupress.henu.edu.cn
排　　版	河南大学出版社设计排版中心
印　　刷	广东虎彩云印刷有限公司
版　　次	2023年12月第1版　印　次　2023年12月第1次印刷
开　　本	889 mm×1194 mm 1/32　印　张　7.125
字　　数	148千字　　　　　　　　定　价　36.00元

版权所有・侵权必究

本书如有印装质量问题，请与河南大学出版社营销部联系调换。

述往事思来者根在夷门
（总序）

夷门，是一个比开封还古老的名字。

夷门是战国魏都城的东门，因城门修在夷山之上，故名。

夷门最早的故事与魏公子无忌有关。无忌为战国时期魏国第五任君主魏昭王的小儿子。魏昭王去世后，无忌同父异母的哥哥圉继承王位，是为安釐王。安釐王封无忌于信陵（今宁陵），是为信陵君。信陵君的第一个故事是养士辅政。其时，魏国在与秦国的对抗中，处在不利地位。信陵君仿效齐之孟尝君、赵之平原君、楚之春申君的辅政方法，养士三千，诸侯因此不敢加兵于魏十余年。七十岁的夷门看守人侯嬴与屠夫朱亥，均为信陵君礼贤下士所交好友。信陵君的第二个故事是窃符救赵。公元前257年，秦围赵都城邯郸，赵王的弟弟平原君求救于魏。魏王派晋鄙率兵十万，到达邺地。但迫于秦威，止步不前。信陵君听取侯嬴之计，窃取虎符，与朱亥前往邺地。在晋鄙对虎符有疑时，朱亥椎杀晋鄙。信陵君率兵救了赵国。侯嬴在信陵君到达邺地时，自刎于夷门。

窃符救赵的故事发生一百余年后，司马迁寻访战国争雄的史迹，来到夷门。对千金一诺、侠义热血故事颇有兴趣的司马迁，在《史记·魏公子列传》中做了上述精彩描述，扣人心弦犹如小说家言。信陵君事迹很多，司马迁只记礼士与救赵；信陵君在魏养士三千，详写的只有侯嬴与朱亥。传记的结尾，司马迁意犹未尽，再次称赞信陵君不耻下交的礼士精神："吾过大梁之墟，求问其所谓夷门。夷门者，城之东门也。天下诸公子亦有喜士者矣，然信陵君之接岩穴隐者，不耻下交，有以也。名冠诸侯，不虚耳。"仁而谦恭，礼贤下士，成就大业。这是夷门叙事的第一重启示。

公元前99年，司马迁为李陵事获罪，受腐刑，因著书事业而隐忍苟活。受刑的第二年，朋友任安写信询问情况，司马迁写下了传诵千古的《报任安书》，完整描画了一个知识人最高最完美的理想："近自托于无能之辞，网罗天下放失旧闻，考之行事，稽其成败兴坏之理……凡百三十篇。亦欲以究天人之际，通古今之变，成一家之言。"据此话推定，《史记》已大致完成。今传《史记》有《太史公自序》，其有感于自己身世，而追述中国历史中圣贤发愤著述的传统："昔西伯拘羑里，演《周易》；孔子厄陈、蔡，作《春秋》；屈原放逐，著《离骚》；左丘失明，厥有《国语》；孙子膑脚，而论兵法；不韦迁蜀，世传《吕览》；韩非囚秦，《说难》《孤愤》；《诗》三百篇，大抵圣贤发愤之所为作也。此人皆意有所郁结，不得通其道也，故述往事，思来者。"这种圣贤发愤著述的传统，是司马迁完成《史记》的支撑力量，也化为以立言为志的中国士人生生不息的精神资源。"究天人之际，通古今之变，成一家之言"与"述往事，思来者"，共同成为读书人立言著述的最高理想。身为记述唐尧以来中国历史的史官司马迁，历史上却没有留下他本人卒年的记载。近代王国维考证，司马迁大约卒于汉武帝末年。勤奋于"述往事,思来者"之业,究天地之际,通古今之变,成一家之言,燃烧自我之身,不计身后之名。这是夷门叙事的第二重启示。

960年,北宋政权以开封为都城建立,从而创造了继唐代后又一个统一王朝的辉煌时代。此时距司马迁《史记》成书,已过去千年。夷门不在,夷山依旧。夷山之上,北宋皇祐元年(1049年)建起了开宝寺塔。塔体外立面均为褐色琉璃砖,浑似铁铸,民间俗称"铁塔"。1912年,铁塔南麓,建立了一所大学——河南留学欧美预备学校(今河南大学前身)。河南大学的学生均以"铁塔牌"自称。铁塔成为这所大学毕业生最早的 logo(标签)。当年椎杀晋鄙的朱亥,因窃符救赵之功,被授相印,其封地原名聚仙镇,在北宋末,改称朱仙镇。岳飞抗金,取得朱仙镇大捷,也终没有挽救北宋王朝的命运。北宋的成功,在文治而不在武功。20世纪40年代,陈寅恪为邓广铭《宋史职官志考正》作序,有"华夏民族之文化,历数千载之演进,造极于赵宋之世"的称赞。一个以唐史研究见长的史学家,推重赵宋文化,绝非偶然。赵宋时期城与市合一,不需要再像《木兰辞》所言那样"东市买骏马,西市买鞍鞯"。城与市合一的开封,勾栏瓦肆林立,充满着人间烟火气。唐宋以来实行的科举制度,使寒族子弟也可以像世家子弟一样,通过个人的努力,通达社会与文化上层。读书人生气聚集之时,赵宋时期出现了士大夫阶层。士大夫具有超越特定族群、特定利益阶层的历史眼光和宽阔胸怀。祖籍大梁的北宋大儒张载不失时机提出的"为天地立心,为生民立命,为往圣继绝学,为万世开太平"的"横渠四句",成为新兴士大夫群体理想抱负的经典表达。士大夫群体的思想文化创造力活力四射,宋代理学家、史学家、文学家、音乐家、书法家、艺术家层出不穷,群星灿烂,造诣均达极高水平。宋代理学家将儒释道合一,重建儒学体系。新的儒学体系高扬道德的旗帜,以修齐治平调节士人人生期待,以伦理纲常整饬社会秩序。陈寅恪称赞欧阳修晚年所撰《五代史》的功劳在"贬斥势利,尊崇气节,遂一匡五代之浇漓,返之淳正。故天水一朝之文化,竟为我民族遗留之瑰宝。孰谓空文于治道学术无裨益耶?"。五四运动过后二十余年,在抗战的炮火中,陈寅恪坚信造极于赵宋之世的华夏文化,本根未死,终必复振。理想、信念、毅力、气节,是读书人的禀赋;立心、立命、继绝学、开太平,为读书人的价值与责任。以治道学术服务国家人民,乃读书的正途与根本。这是夷门叙事的第三重启示。

北宋时期的国子监所在地位于现在的龙亭一带。明代这里辟为周王府。清初,河南贡院一度迁至辉县百泉,清顺治十六年(1659年),河南贡院在周王府旧址修建,因地势低洼积水,雍正九年(1731年)迁至夷山南隅。1841年黄河发水,拆河南贡院房舍防洪,第二年重修,新建号舍万余间。1900年的庚子事变,北京用于国家会试的贡院被毁,河南贡院因房舍完好、交通便利,而在1903、1904年成为科举会试所在地。1905年废除科举,河南贡院就成为上千年科举制度的终结地。1912年,河南有识之士在河南贡院的校舍上创办河南留学欧美预备学校,1923年改建为中州大学,1930年易名省立河南大学。因此,从这套丛书的一个人物林伯襄1912年担任河南留学欧美预备学校的校长开始,河南大学叙事便与夷门叙事有了交集,夷门叙事所体现出的精神基因便在河南大学传承延展。与时俱进,百折不挠,在国家、民族站起来、富起来、强起来的百年沧桑中,河南大学以振兴教育、培养人才服务于民族自立、国家复兴和区域发展,成为中原大地高等教育的一棵参天大树。参天地之化,养浩然正气,育万千桃李,以教育报国。此为夷门叙事的第四重启示。

在河南大学迎来110周年校庆之际,学校编写出版"夷门传薪学人传"丛书,嘱我为序。在准备出版的二十多种学人传中,有在河南大学发展的重要节点上做出了重大贡献的主政者,绝大多数是在学校发展的不同时期在学术进步、人才培养方面成绩突出的教授。名人有言:"大学者,非谓有大楼之谓也,有大师之谓也。"这些学者教授就是河南大学的大师。河南大学建立110年来,对国家、对民族的贡献,大部分是通过一代又一代心系桑梓、植根教育的千千万万教育工作者实现的,上述学者教授是千千万万教育工作者的代表。在河南大学这所百年名校中,"究天人之际,通古今之变,成一家之言"的学术创新是他们完成的;"为天地立心,为生民立命,为往圣继绝学,为万世开太平"的学术理想是他们实践的;"参天地之化,养浩然正气,育万千桃李,以教育报国"的百年辉煌是他们参与创造的。这是河南大学110年校庆要编辑出版"夷门传薪学人传"丛书的唯一理由。

有形夷门在司马迁生活的时期已经颓毁,而无形的夷门,留在司马迁的《史记》中,留在宋儒的横渠四句中,留在科举旧地与新式教育的交接中,留在河南大学生生不息的生命意志中。

在河南大学建校110年之际,河南大学的注册地移至郑州,但河南大学的办学精神,已经融入河南大学的基因与血脉之中。河南大学从留学欧美预备学校的成立,到今天的"双一流"建设,何尝不是河南有识之士与黄河儿女的"发愤"之作!国家兴亡,匹夫有责,读书人更有责。司马迁"发愤","述往事,思来者"而著"史家之绝唱,无韵之离骚";河南大学"发愤","述往事,思来者"而有发展进步的大手笔、大思路。让我们为之共同奋斗。

放眼寰宇的河南大学,根在夷门。

关爱和

2022年7月

(作者为河南大学教授、博士生导师,中国近代文学学会会长。曾任河南大学校长、党委书记。)

目　录

第一章　成长奋斗历程 ………………………………… 1
　第一节　心怀国家,投身北疆建设 …………………… 1
　第二节　新中国河南大学历史上的首届政治经济学专业
　　　　　研究生 ………………………………………… 9
　第三节　创办新中国河南大学经济系和经济学院 …… 13

第二章　教学和教育 …………………………………… 25
　第一节　把教育和教学视为自己的第一天职 ………… 26
　第二节　培养"又红又专"的社会主义建设者和接班人
　　　　　……………………………………………………… 28
　　一、要求学生养成研读马克思主义经典的习惯 …… 28
　　二、努力消除西方资产阶级经济学对经济学教育的
　　　　影响 ……………………………………………… 35
　第三节　对经济学学科体系建设和课程改革的设想和
　　　　　建议 ……………………………………………… 53
　　一、马克思主义政治经济学课程及课程体系 ……… 54
　　二、对当前本科经济学类主干课程体系改革的思考
　　　　……………………………………………………… 87

第三章　学术贡献 ……………………………………… 90
　第一节　对《资本论》创作史的回顾与某些澄清 ……… 90

一、《资本论》创作史的回顾 …………… 90
　　二、对《资本论》和马克思主义经济学误解的某些
　　　　澄清 …………………………………… 94
　第二节　对马克思主义经济学的研究对象、基本范畴和
　　　　理论体系的新阐释 ……………………… 98
　　一、马克思主义经济学的研究对象 ………… 98
　　二、马克思主义经济学的若干基本范畴 …… 105
　　三、马克思主义经济学的理论体系 ………… 121
　　四、中国马克思主义经济学者的历史使命 …… 122
　第三节　对劳动价值论的正本清源和创新发展 …… 124
　　一、对劳动价值论若干重要范畴进行"正本清源"
　　　　………………………………………… 125
　　二、关于价值规律问题 ……………………… 142
　　三、对劳动价值论的适用范围的分析 ……… 149
　　四、新的历史条件下如何深化对劳动和劳动价值论
　　　　的认识 ………………………………… 153
　第四节　对马克思扩大再生产理论的探讨 ………… 157
　　一、对扩大再生产条件下社会生产两大部类生产
　　　　对比关系的初步探讨 ………………… 158
　　二、马克思主义的再生产理论和国民经济的调整
　　　　问题 …………………………………… 161
　　三、保证农、轻、重协调发展的理论 ……… 165
　第五节　对经济全球化的二重性质与理性应对的探讨
　　　　………………………………………… 170

一、经济全球化具有二重性质 …………… 171
二、中国应冷静面对全球化 …………… 174
第六节 对建党以来马克思主义经济学四次重要创新的理论阐释 …………… 175
一、以毛泽东经济思想为代表的中国新民主主义经济的理论 …………… 175
二、社会主义革命和社会主义经济建设的理论 …………… 180
三、以邓小平理论为旗帜的"中国特色社会主义经济"理论 …………… 188
四、"科学发展观"和"构建社会主义和谐社会"等理论 …………… 191
第七节 对资产阶级政治经济学及其改革观的批判 …………… 194
一、对"经济人"假设的批判 …………… 195
二、对资产阶级市场经济理论的批判 …………… 200
三、对资产阶级"制度"和"产权"理论的批判 … 201

第四章 好学生、好丈夫 …………… 203
第一节 一名优秀的学生 …………… 203
第二节 师生圈内闻名的好丈夫 …………… 210

第一章 成长奋斗历程

第一节 心怀国家，投身北疆建设

1946年6月3日（农历五月初四），许兴亚出生在山东省肥城市汶阳镇许楼村的一个普通农民家庭。许兴亚的父亲在年龄很小的时候就给别人家放过牛、放过猪，十六七岁就跟人扒火车闯过关东；在大兴安岭的森林中伐过大木，在鞍钢做过建筑小工，在大连拉过洋车，其间曾遭受过日伪警察的毒打与欺凌，还曾因患伤寒病而差点丢掉性命。回到山东后，他的父亲曾给商人做过推小车的苦力，也曾在曲阜师范学校做过食堂的工友。中华人民共和国成立后，作为种地能手，曾经担任过互助组组长、农业生产合作社社务委员、人民公社时期的生产队队长，但更多的时间是普通社员。20世纪60年代困难时期，为了挣工分和奖励粮，他曾累倒在田地里的水井旁，被社员们用门板抬回了家。许兴亚的母亲是一位任劳任怨的家庭妇女，曾在"三年困难时期"为了把口粮省给干农活的丈夫和孩子们吃，而得过严重的浮肿病。许兴亚的父母和姐姐、哥哥在旧社会都没有上过学。姐姐是在中华人民共和国成立后，她18岁的那一年才插班上了小学三年级，高小毕业后参加工作成了一名幼儿园的保育员。中华人民共和国成立后哥哥上了夜校，是互助合作时的积极分子和青年团员,后来参军入党还立了三等功,60年代复员后也一心扑在生产队的生产上。许兴亚童年时代的天空是明朗的。从记事起,家乡的土地改革、抗美援朝和农业合作化运动,都在他儿时的记忆中留下了不可磨灭的美好印象。作为少先队员,许兴亚与小伙伴们一起做功课、割草、给志愿军叔叔写慰问信、种蓖麻、造少年林、捡废铜废铁、开展"小五年计划"……以实际行动支援着国家建设。

1958年小学毕业升初中时的许兴亚

许兴亚6岁开始上学,上小学时一直都是班里年龄最小的。他也正因为年龄小,所以心无旁骛,学习成绩反倒是班里最好的。在他上小学二年级的时候，由于学校按复式班上课，老师在提问三年级的同学时，有该年级同学都回答不出来的问题时，老师就让他站起来回答，他每次的回答都是正确的。1956年，也就是他10岁那一年，他和同学们一起到乡里报名考高小，却因高小的老师说他年龄太小而拒绝了他报名。回来以后，同学们就陪着他一起去见自己学校的老师和校长。他的班主任和副校长宿维华老师闻听这一消息后气得直跺脚，第二天就亲自去交涉。许兴亚才被高小录取了。

1958年他12岁那年，许兴亚考上了肥城二中的初中部。然而，学校张榜时，他的名字却被错写成了"许兴西"。那时，因为他家距离肥城二中比较远，他的姐姐和哥哥已经外出工作和参军，他和他的父母又都不懂，没去看榜和查对，而是直接就近上了乡里(公社化以后叫管区)的农中。直到开学后，本村的一位同时考入肥城二中的同学和兄长许兴根不甘心，到学校教导处查了新生名单和档案，发现榜上的"许兴西"果然就是许兴亚，这才赶紧回村叫他去肥城二中报了到。

初中入学后的第一个学期，学校搞全校突击学习汉语拼音比赛，在全校包括从初一到高一总共四个年级的14个班的竞赛中，他竟然获得了第三名的好成绩。在初中时，虽然要不断下乡参加农业生产劳动，但他仍然保持了好的学习成绩，并获得过共青团济南市委颁发的"少年红旗读书活动"奖。在毕业那年，他同已在部队立功入党的哥哥通信，开始谈思想、谈理想——这成为他人生旅途中不断追求进步的一个起点。

1961年，许兴亚以第一名的优异成绩考上了肥城二中的高中部。1962年底,他光荣地加入了中国共产主义青年团,并且代表新团员在入团仪式上发言,立下了"把一生献给最美好的共产主义事业"的誓言。在随后的向雷锋同志学习活动中,他积极实践,并很快被选拔为学校"向雷锋同志学习事迹展览会"的讲解员,此后连续两年被评为"三好学生"。他向雷锋同志学习,实实在在做好事。例如,那时班上订有《人民日报》和《中国青年报》,许兴亚考虑到全班共有60多名同学,大家课余时间根本看不过来,于是他就和同窗好友刘培正一起,每天利用晚自习之前的十几分钟主动为同学们读报。又如,有一次,一个星期六的下午,许兴亚照例回家里取干粮(学校离家有18里路,一般每一个或两个星期需要回家取一次干粮)。当时已是冬天,天也快黑了。当他走到离家还有三四里路的时候,遇到一条挖开了的水沟,他快速助跑了好几步才跳过了水沟。当他再回头看的时候,发现不远处有一位老太太也正朝这个方向走来,于是,他停下了脚步,等这位老太太走到水沟边,就将自己的扁担稳稳地横在水沟上,然后扶着老人一步步慢慢地沿着扁担跨越了水沟。后来他才知道这位老太太恰好是他姥姥家村子里的,以至多年以后这位老人家还专门找到许兴亚的母亲讲他做过的这件好事,并不断地夸奖他。还有一件颇为值得一提的事。由于许兴亚同他的一位男同学经常在课外时间讨论一些带有理论色彩的问题,同学们就在背后给他们送了个绰号,说他们简直就像班上的"马克思和恩格斯"。不过,许兴亚当时对自己这样的绰号一无所知,还是过了50多年以后,一位老同学告诉他的。对此,他既感激又惭愧,自嘲地说:"那时候马克思和恩格斯的书都没有读过,哪里懂得马克思和恩格斯呀!"

1964年高中毕业时的许兴亚

1964年许兴亚高中毕业时,报刊上正在宣传江苏省盐城县(现盐都区)的董家耕回乡务农的先进事迹。他和班上的好几位同学就一起向学校领导表达了也要回乡务农的意愿。不久,中共山东省委书记谭启龙同志在《大众日报》上发表了回复两位应届高三毕业生的一封信,号召大家"一颗红心、两种准备、任祖国挑选"。于是,他才响应号召安心地报考了全国重点高校山东大学的政治系,立志为党的马克思主义理论事业做贡献。

大学时期,许兴亚学的是政治经济学专业。在此期间,他曾与全系同学一起到农村参加"社会主义教育运动",担任过工作队的团支部书记,与贫下中农一起同吃同住同劳动。返校后,他

1965年秋,许兴亚在济南市历城县冷水沟人民公社冷水沟大队半农半读时与生产队社员们举办告别晚会(中间吹笛子者是许兴亚)

担任班上的副班长兼学习委员,与同学们一起学习了马克思主义哲学、政治经济学、国际共产主义运动史,以及俄语和古汉语等课程,并与同学们一起到济南郊区的农村参与我国1956年发展"半农半读"教育制度的试点工作。而且,他还利用课余时间在系资料室阅读过报刊上许多学术讨论文章,借阅和认真自学过马克思主义的部分经典著作。这为他以后的教学和学术研究奠定了一定的基础。

1968年12月大学毕业时,许兴亚响应"知识青年到农村去,接受贫下中农的再教育,很有必要"的号召,党中央提出的大学毕业生分配要"面向农村、面向边疆、面向工矿、面向基层"即"四个面向"的号召,不顾当时身体患病和"军宣队"的劝阻,毅然选择了到我国北疆内蒙古自治区的农村插队当农民。1969年1月,他告别了父母、老师、同学和新婚的妻子,只身一人跨上了远赴内蒙古自治区敖汉旗农村当农民的征程。在那里,他被分配到全国治沙造林的先进单位——长胜公社乌兰巴苏大队,同大队领导、"赤脚医生"和贫下中农们一起战天斗地,同吃同住同劳动,并且得到了他们无微不至的关心和爱护。在此期间,许兴亚曾被抽调到公社政工组做材料工作;还曾被大队党支部分配去做过由从天津和赤峰等地来的下乡知识青年组成的"毛泽东思想宣传队"的"政治指导员"。

同年10月,许兴亚被分配到了当时全旗的最高学府——"新惠'五·七'中专"担任政治理论课教师,开始了他的教书育人的生涯。

许兴亚(第二排左三)与他担任班主任的1969级(1972届)高中毕业生合影

1973年许兴亚（第二排左三）与他担任班主任和任课教师的师专文班同学毕业合影

在此期间，许兴亚先后担任过两届高中班、一届师专文科班的班主任，讲授过马克思和恩格斯的《共产党宣言》和毛主席的四篇哲学著作，还曾为全旗领导干部辅导过马列主义六本书（"马列主义六本书"是毛泽东主席为领导干部学马列原著所列出的具体书目，即《共产党宣言》《哥达纲领批判》《法兰西内战》《国家与革命》《反杜林论》《唯物主义和经验批判主义》，一共6本）。在教学过程中，他克服困难，不辞劳苦，与学生们一起学政治、学文化、学军、学农、学劳动，还曾把行李搬进男生宿舍，以便随时了解他们的学习、思想和生活。如今，他的这些学生们大都已经退休。其中，有不少学生在退休前已成长为专家、教授、拔尖人才和领导干部，也有学生始终坚守在各行各业的第一线，为祖国的社会主义建设事业做出了各自的贡献。对此,他感到莫大的欣慰。

在这段工作期间,由于工作努力,成绩显著,他于1976年12月光荣地加入了中国共产党。同时结合教学和研究,他自学了大量马克思主义经典著作,尤其刻苦钻研了马克思的《资本论》和《列宁全集》中的一系列著作,从而为他以后的教学和科研工作,初步奠定了较好的基础。

第二节 新中国河南大学历史上的首届政治经济学专业研究生

随着我国进入了改革开放的新时期,我国教育和科学事业也迎来了它的又一个春天。1978年1月,教育部发布《关于高等学校1978年研究生招生工作安排意见》,决定将1977、1978两年研究生的招生工作合并进行,我国自1966年中断长达十余年的研究生招生才得以恢复。同年3月全国科学大会的召开,进一步鼓舞了许兴亚向科学进军的理想和愿望。当年,他顺利考入开封师范学院(现为河南大学)政治教育系政治经济学专业,师从著名教育家、马克思主义经济学家周守正教授,研究《资本论》,成为恢复研究生招生后我国首批招收的硕士研究生。

河南大学经济学科在历史上曾有过自己的辉煌时代。但是,在20世纪50年代初的全国院系调整中,河南大学财经系整体搬迁、合并至武汉的中南财经学院,校名更名为开封师范学院,留下的少部分从事政治经济学专业教学工作的教师并入开封师院的政治系和政治理论教研室。1978年改革开放以后,以

周守正教授(前排右二)与他的首届研究生
前排左起:陆立军、陈宪堂、赵学增,
后排左起为许兴亚、蒋金波、巫继学

著名经济学家、教育家周守正教授为首的多位教师在河南大学政治系率先成立了全国首家《资本论》研究室,并且开始招收首届政治经济学专业《资本论》研究方向的研究生,许兴亚和他的5名研究生同窗一起,有幸成为周守正教授的首届研究生。当年参加复试的考生共有60多人,但周老师独具慧眼,仅录取了陆立军、巫继学、蒋金波、陈宪堂、赵学增(当时叫赵学焦)和许兴亚他们六人。与他们一起进修研究生课程的,还有来自长春税务学院(现吉林财经大学)的4名青年讲师和助教,以及本校的部分青年教师。他们这六人的共同特点是:大都经历过系统的高中和本科经济学教育,或者比较系统地自学过《资本论》并发表过一定的研究成果,同时又都经过10年左右的工作实践的锻炼,关心国家正在进行的国民经济的调整和改革,且都十分珍惜这次研究生学习机会。正因为如此,他们还在研究生学习阶段,在努力学好必修和选修课程的同时,积极投入了国内的学术讨论,各自都发表了数量不等的专题论文,有的还在学术界引起了较大的反响。其中,在入学后的第一学期,在对《资本论》第一卷的学习过程中,许兴亚就曾写下一份关于社会主义社会的劳动过程和价值增值过程的读书笔记。其中提出:尽管社会主义经济的性质与资本主义相比发生了根本的变化,但是社会主义产品价值的三个组成部分(用公式写出来即 $W=c+v+m$)仍然是客观存在的,其中的 m 部分即社会主义的剩余产品及其价值,无论其是否仍然可以称作剩余价值,也仍然是客观存在的,只不过所有制基础不同了而已。他的导师周守正教授看了很是高兴,并且加了批语:"虽然我并不完全赞成作者的观点,但我赞成他的这种独立思考的精神",然后拿给导师组和教研室的老师们传看。这件事进一步激发了同学们进行独立思考和科学研究的热情。许兴亚在读研期间公开发表的第一篇论文,是1979年与他的同窗陆立军和巫继学为河南大学科学大会和河南省经济学会合写的《试论扩大再生产条件下社会生产两大部类增长速度的对比关系》。该文后来发表在甘肃省《社会科学》1979年第4期。《人民日报》1979年11月18日头版在对河南省经济学会讨论会的报道中,曾着重摘述了该文的观点。他们三人合写的另一篇文章《马克思扩大再生产公式的几个问题》,发表在

《经济研究》1980年第2期,并在该刊上引起讨论。这也是河南大学经济学科在该刊上发表的第一篇文章。此后,国内出版的不少《政治经济学教科书》在讲到马克思扩大再生产的公式的时候,都逐渐采用了他们关于"三个公式"的提法。许兴亚自己撰写的另一篇短文《对"试校〈资本论〉中若干计算问题"一文的评议》发表在《中国社会科学》杂志1981年第2期,这也是河南大学经济学科发表在该刊上的第一篇文章。除此之外,他还单独撰写和发表了关于马克思再生产理论和社会主义社会的商品经济和价值规律方面的几篇文章。多数都被收入中国人民大学主编的《报刊复印资料》,成为学术界有代表性的见解。尤其是他发表在《贵州社会科学》1981年第3期上的《再论扩大再生产条件下社会生产两大部类增长速度的对比关系》一文,被时任中国社会科学院副院长的我国著名经济学家刘国光研究员在其《近年来马克思再生产理论研讨述评》一文中评价为"对马克思再生产理论的数字模拟和数学论证""是近年来马克思再生产理论研究的新发展"(载于《经济学文摘》1981年第3期)。许兴亚的这篇论文在1984年荣获河南省首届优秀社会科学论著三等奖。由于许兴亚的导师和他们几位的共同努力,河南大学(当时叫开封师范学院)的《资本论》研究生在全国学术界享有较高的声望。同时,也是从他们这届研究生开始,政治系党总支在政治经济学专业研究生中成立了河南省历史上的第一个中共研究生党支部。他们又红又专的发展,为后来的研究生提供了很好的榜样。

学界专文介绍河南大学首届政治经济学专业研究生的培养经验

第三节 创办新中国河南大学经济系和经济学院

1981年10月,许兴亚以导师评价"名列前茅"的成绩研究生毕业并获得经济学硕士学位。同年留校在《河南大学学报》(原《开封师院学报》)编辑部工作,并接受导师和政治系的安排,从1982年起从事该系政治经济学专业《资本论》课程的教学工作。在学报编辑的工作岗位上,他在编辑部负责人的领导下,编发了一批包括于光远、罗元铮等我国著名经济学家在内的知名学者撰写的经济学方面的论文,以及本校教师和研究生所著述的经济、哲学、教育等多方面的学术论文;同时还在学报上为本校《资本论》研究开辟了专栏,并为河南省《资本论》研究会举办了学习笔会;还结合校庆,以"河南大学学报丛书"之一的形式,组织、编辑、出版了河南大学历史上第一部《资本论》研究方面的专题著作——《〈资本论〉和社会主义经济——〈资本论〉研究论文集(之一)》,努力为我校经济学科的发展创造条件。除此之外,他还参加了由《河南大学学报》编辑部发起和主办的全国首届编辑学研究班的教学和服务工作,并且撰写了题为《编辑劳动与科研》的论文,以"辛叶"为笔名发表,为编辑部开创的编辑学专业的起步,做出了自己的贡献。

《河南大学学报》编辑部是一个具有优秀学术传统和开创精神的科研群体。早在20世纪40年代的创刊号上,学报就曾发表过曾任河南大学经济系主任的邹次硕先生批判美国新货币政策的文章。在1949—1951年新河大重建后创办的校刊《学习与生活》第3卷第5—6期就曾出版过"认真学习毛泽东思想,学习中国共产党党史"的专辑。1980年代以来,学报又在全国首开编辑学专业研究生教学与培养工作。许兴亚在这里也得到学报的领导和同事们的关心和关怀,感受到家庭般的温暖。但是,考虑到国家经济建设和河南大学经济学科恢复、发展的需要,他仍然希望能够更多地为经济学科的发展做些贡献。基于这样的考虑,1984年,许兴亚以个人名义向校领导提交报告,汇报了他自己关于设立河南大学经济研究所的见解和建议,并在翌年获得校领导的批准。1985年4月,许兴亚从《河南大学学报》编辑部调回政治系,协助周守正教授接受国务院学位委员会专家组对国家首批经济学硕士学位授权点的选点检查。同年5月7日,河南大学下文成立河南大学经济研究所,周守正教授任所长

(正处级),兼任政治系名誉系主任;貊琦和许兴亚任副所长(副处级)。该研究所当年被确定为学校"六五"期间"重点建设"的6个研究机构之一。从此,他开启了为恢复和建立河南大学经济系和经济学院的奋斗历程。

回顾自己在河南大学40余年的工作经历,许兴亚自认为他在河南大学完成的第一项工作,就是参与了自20世纪80年代以来河南大学经济学科恢复和发展的全过程。从1984年倡议成立河南大学经济研究所,到1993年恢复经济系,再到1999年成立经贸学院(经济学院的前身),直到2001年他辞去院长和经济研究所所长的职务,经历了整整16年,他为经济学科的恢复与发展做出了无私的奉献和巨大的牺牲。其间,他也曾有机会被抽调到省委机关工作,为此省委办公厅领导同志已经与他谈过话,省委组织部门也到学校进行过考察。但考虑到河南大学经济学科发展的需要,他还是义无反顾地留了下来,全身心地投入经济学科建设工作,并把这看作是自己应当履行的一种义务。

对此,许兴亚谈到,他之所以这样做,主要是出于以下三点考虑:

一是学科发展和河南大学发展的需要。作为20世纪60年代山东大学政治经济学专业毕业的本科生和80年代河南大学政治经济学专业毕业的首届硕士研究生,许兴亚深知大学的经济学系科和专业在一所综合性大学中的地位和作用。就河南大学的情况来说,在1949年以前的河南大学,经济系就曾经延揽过国内一大批知名的经济学家在此任教。例如,中国共产党的早期领导人之一罗章龙先生,在他政治上失意、入狱被营救以后，就曾来到河南大学经济系执教，并曾担任过经济系的系主任。他的代表性著作《国民经济史》就是在河南大学经济系任教时期完成的。中国共产党的著名理论家邓拓20世纪30年代在河南从事革命工作和求学时，就是在河南大学经济系（当时叫邓子健）出版了他的《中国救灾史》。早在20世纪30—40年代，河南大学经济系还有一些进步教师曾讲授过《资本论》，一些进步学生曾组织过《资本论》学习小组。但在1948年开封第一次解放前后，该系的师生出现了政治分化：有60余名师生在系主任王毅斋先生的带领下投奔中原解放区，成为解放区组建中原大学时的骨干教师和首批学员；另一部分师生则搬迁到了苏州，也有少数教师去了台湾。1948年开封第二次解放后，中原大学于该年12月迁到开封，借用河南大学原址办学。与此同时，重建河南大学的工作也提上了日程，并于同年12月组成了复校委员会。1949年5月，新成立的中共河南省委与河南省人民政府决定重建河南大学，并于6月15日正式重建，由省人民政府主席吴芝圃兼任校长，省教育厅厅长、曾任解放区北方大学教务长、中原大学筹委会委员（主任委员为陈毅）的张柏园任副校长并主持学校党组织的领导工作，原河南大学文学院院长、曾任中原大学筹委会副主任的嵇文甫教授任副校长，原河南大学教授、曾任中原大学筹委会副主任的王毅斋任秘书长，曾任中原大学党委副书记、教务长的刘介愚任教务长。1950年3月，河南大学组建财经系，下设"经济理论教研组""会计学教研组""统计学教研组"三个教研组，直属文教学院，负责人分别为周守正、王牧罕、杜润生。同年10月，文教学院撤销，财经系等改由校部直接领导。1951年,学校为健全领导班子,组建了财经系系委会,周守正教授任系主任。但在1952年的院系调整中,河南大学的财经系再次被并迁,只有周守正教授等6人被留下来继续在河南大学工作。周守正教授改任校教务处副处长,兼任直属"政治经济学教研室"主任。随之,河南大学被调整为开封师范学院。所以,直到1978年以前,曾经实力雄厚的河南大学经济学科剩下的就只有一个政治系下辖的政治经济学教研室和一个马列主义教研室下辖的政治经济学教研组。1980年以来,学校虽然经过努力恢复了河南大学的校名,但在上级的正式批复中,仍然保留了它的师范院校性质。河南大学要想恢复它的综合大学的地位,就必须恢复它的经济系。

二是国家现代化建设和改革开放的需要。作为国家恢复研究生培养以来的首届经济学硕士研究生,许兴亚在研究生学习阶段就已深切感受到我国经济学理论研究和人才培养的必要性和迫切性。而成立经济研究所的目的之一,就是在学校暂时仍然受制于师范院校性质、不容易一蹴而就成立经济系的情况下,以经济研究所为平台,通过不断聚拢人才、积累实力,以便时机成熟后,恢复河南大学的经济系。

三是学术研究的需要。在当时的情况下,虽然在我国还没有研究型大学和研究型院系的提法,但许兴亚深知:一个高水平的综合大学的经济系的建设,离不开高水平的科学研究的引领和积淀。

正是基于以上三点考虑,许兴亚在征求了部分同志的意见后,向学校提出了成立经济研究所的倡议。当时,这是河南高校里面设立的第一家专门的经济研究所。为此,他对经济研究所设想的具体任务有三项:经济研究和经济学理论研究;经济学研究生培养和本科经济学教学,并为重建经济系创造条件;为现实经济服务。在研究所的领导体制上,他在向学校领导所打的报告中还提出:待研究所的建设走上正轨后,正副所长可以由教师、研究人员轮值,任期2年,由具有正高级职称的教师轮流担任。

经济研究所初创时期遇到了很多意想不到的困难。首先还不只是人、财、物方面的白手起家,而是由于河南大学作为一所省属地方院校及其师范院校性质的瓶颈的制约,以及由此而形成的一些体制和机制方面的、并不符合学科发展规律和教育规律的传统观念的束缚。为此许兴亚曾苦恼过,并曾多次产生过辞职的念头,但都被校党委领导劝阻了。他的导师和所长周守正教授也积极鼓励他大胆放手地去工作。最终,许兴亚在努力做好自身的教学和科研工作的同时,不辞劳苦地一次次向校领导汇报他的想法和所遇到的困难,努力争取学校方面的理解和支持。在他和研究所其他同志的共同努力下,从1985年到1993年的八年间,经济研究所终于获得了事实上的"准系处级"(半独立性质)的待遇:到20世纪80年代末和90年代初,校人事部门按教学、科研和管理岗位的实际工作量划给经济研究所的教师编制增加到17人,其中教授4人、副教授3人、硕士生导师3人。在科研方面,完成了国家"六五"社科规划项目子课题一项、中共河南省委重点调研课题2项,编辑出版了《〈资本论〉和社会主义经济——〈资本论〉研究论文集(之二)》(该书由出版社申报获得国家出版系统优秀图书奖)、《中国人口·河南卷》、《农村经济发展丛书》(一套共5册);在期刊杂志上发表学术论文100余篇,获得省社科、省教委、省社科联颁发的优秀成果奖多项。在研究生教学和学科建设方面,在校研究生规模增至60余人,同时招收了进修研究生课程的部分进修生。以研究所为依托的政治经济学专业学科点,从1988年起连续被确定为省级重点学科点;他与周守正教授、貊琦教授一起联合进行的研究生教学与培养工作,连续获得校优秀教学成果一等奖、三等奖各1项。在研究所自身建设方面,研究所成立了隶属政治系党总支的党支部和研究生党支部,设立了《资本论》研究室、人口理论研究室、社会主义经济研究室、情报资料室和办公室等基本的组织机构。其中《资本论》研究室是中国《资本论》研究会的团体会员,周守正教授和许兴亚分别当选为该研究会的理事;人口理论研究室与联合国经社理事会建立有图书和资料交流关系,并且获得了该理事会资助的英文打字机和复印机。情报资料室编印了不定期的经济研究资料和动态,与全国高校和科研单位进行资料交流。社会主义经济研究室积极参与了全国高校社会主义经济理论与实践研讨会的学术研讨,并且与河南省的有关部门建立了经常的联系,参加他们的调研活动,以及改革与发展的实践。在对外学术交流方面,1988年邀请了日本一桥大学著名马克思主义经济学家松石胜彦教授来所讲学。在国内,先后邀请了包括卫兴华、王珏等在内的许多著名经济学家来校讲学,并且与郑州大学和河南社会科学院等单位一起联合承办了中国《资本论》研究会和中华外国经济学说研究会两次全国学术研讨会。在队伍建设方面，除了研究所成立初期的少数几名成员外，引进了副教授3人，其中1人在1992年晋升为教授；从研究所毕业的硕士研究生中留校3人，其他青年教师1人。青年教师中晋升副教授2人。此外还派出了两位在职的中青年骨干教师，一人考取了中国人民大学的博士研究生，一人到南开大学经济研究所做访问学者。河南大学经济研究所已经发展为初具规模的科研和教学单位，同时为经济系的建立奠定了良好的基础。

1992年，以沙献玉教授为首的政治系政治经济学教研室的部分同志从政治系分离出来，率先恢复、成立了河南大学财经系。

1993年5月，学校组建了包括经济、政治、法律、数学等学科在内的"经贸与管理学院"，实行"院虚系实"的两级管理体制。同时在下设机构中，以经济研究所为依托恢复、成立了经济系，许兴亚任系主任(正处级)兼经济研究所所长，成为新中国河南大学经济系的首任系主任；在马列德育教研部经济学教研室的基础上成立了贸易系，谢京师教授任系主任。原来的财经系更名为财金系，沙献玉教授任系主任，兼经贸与管理学院副院长。除此之外还包括了原来的政治系、法律系、数学系，以及马列和德育教研部。其中，在真正属于经济和管理学科的三个系当中，以经济系师资队伍的实力最强、人才培养层次最高。

1995年，经贸与管理学院改组：政治系、法律系、数学系以及马列德育教研部从经贸与管理学院中分离出去，学院更名为经济贸易学院，下设4个系，分别是属于经济学门类的经济系和贸易系，以及属于管理学门类的会计系和理财系；另外还保留了经济研究所的名义，以及在1994年成立的改革与发展研究院。学院改行"院实系虚"的管理体制。沙献玉教授任院长，许兴亚任分管科研、研究生培养和学科建设的副院长（正处级），在7名副院长中排名第一。其间在1996年的学位点申报工作中，以许兴亚为第一学术带头人的政治经济学专业的学科、学位点，开始了第一次博士学位点的申报工作。同时，也是在这次学位点的申报工作中，以许兴亚为第一学术带头人的"投资经济"专业（1999年以后改称"国民经济学"）获批了经济学硕士学位授予权，成为河南大学应用经济学学科的首批硕士学位授权专业。

1997年，沙献玉教授因退休不再担任院长职务，许兴亚任主持工作的副院长，兼经济研究所所长。

1999年，在许兴亚和学院领导班子成员同志的共同努力下，经贸学院进一步组建为经贸学院与管理学院两个学院。其中的经济系、贸易系和经济研究所，以及改革与发展研究院，归属新组建的经贸学院（即后来的经济学院），许兴亚担任经贸学院院长兼任经济研究所所长；会计系和理财系归属管理学院（即现在的河南大学商学院）。至此，从1985年成立经济研究所，到1999年成立新的经贸学院，历时15年，终于实现了按照经济学的学科门类建设专门的院、系的目标（2002年4月，经贸学院进一步更名为经济学院）。由此，许兴亚继1993年成为新中国河南大学首任经济系主任之后，成为事实上的首任经济学院院长。

新经贸学院建立后，在许兴亚和学院领导班子以及全体师生的共同努力下，实行了一系列建设正规经济学院的工作：

一是在办院的指导思想上,"坚持遵循高校教育发展的规律",把学院"建设成为学位和学科专业层次齐全,兼顾经济学的理论和应用,具有相应的规模和特色,国内著名、省内一流、在国际上也要有一定知名度的经济学专门学院;同时又是高举马列主义、毛泽东思想和邓小平理论伟大旗帜,为社会主义事业特别是中国特色社会主义事业培养高层次人才的重要阵地和基地。"

二是在培养目标上,提出了培养"又红又专"的经济学高级专门人才和社会主义事业建设者和接班人的目标。同时向学生提出了"做劳动者,永远不做剥削者"的口号。

三是在建院方针上,提出了"政治建院、民主建院"的口号。坚持正确的政治方向,相信群众、依靠群众,办事公开,不搞暗箱操作。

四是加强教学和科研组织机构和队伍建设,明确学科建设责任。学院建设初期,在组织机构上形成"两系、四所(研究所、中心)"的架构。具体包括:现有的经济系和贸易系,分别负责现有的"经济学"和"国际经济与贸易"两个本科专业的专业建设,并且配合学院和相关研究所,做好研究生层次的学科、学位点的申报和建设;新建"财政金融研究所",负责申报本科财政学和金融学两个专业,筹建财政系和金融系,并在专业申报成功后,向更新的学科建设目标前进;成立"世界经济研究所",承担"国际经济学"和"世界经济"的教学、科研和学科、学位点建设的任务;继续加强现有的"经济研究所"和"改革与发展研究中心(院)"的建设,搞好现有的政治经济学(理论经济学)和"国民经济学"（应用经济学）硕士学位点建设，并且向着博士学位点的建设目标冲刺。

五是亲自主持。与其他相关负责人一起，连续数周，搞好全院本科和研究生课程教学计划的设置，严格把关，保证马克思主义在本科和研究生各专业教学计划和教材建设中的主流和主导地位。作为项目主持人，完成了河南省教改重点项目"面向21世纪高校经济学类课程改革和教材建设研究"。

六是注重教师队伍的建设。针对20世纪90年代以来，在本专科教学尤其是成人教育中的课程教学的乱象，强调教师在"一专多能"基础上的"定岗定位"，在相对稳定的教学和研究方向上，把教学工作和科研工作做深、做实，在内涵发展上下功夫等。

在所有这些方面的工作已经铺开，学院的建设终于可以开始在健康、科学的轨道上发展和前进的时候，许兴亚却出人意料地做出了一个令许多人吃惊的决定：毅然辞去了院长、所长的职务，回归真正的专任教师和学者的本职岗位。对此，校党委负责组织工作的领导同志曾亲自到学院去找他，了解他的真实想法。许兴亚回答说：真的很平常，很正常。真实的想法无非就是这几条：一是"我们的共产党不是要做官，而是要革命"，能上能下是我们每一位共产党员和党员领导干部的本色。他愿意真心实意地去实践它。二是兑现他当初提议成立经济研究所时的诺言：研究所（包括经济系和学院）的工作走上正轨后，其负责人应当实行任期制，并且应当像"值日生"一样在合适的人选中进行轮换。他认为这也是以实际行动贯彻"巴黎公社"的原则。三是现在经济学院建设的道路已经开辟,其他的同志可以"在已经打好的基础上继续前进了"。四是从个人的时间安排的角度看,他确实有些累了,希望能有更多一些的时间用在更加喜爱的经济学教学与研究上来。他说,这也算是"给自己一些公平"。最后,则是为了留住人才,为其他更加年轻的同志提供一些更好地发挥自己才能的空间和岗位。这位领导同志听了很感动,说准备请《河南日报》的记者采访和宣传他。但许兴亚真诚而感激地谢绝了。

回归本职岗位后的许兴亚,就像一棵老树重新焕发了生机。给学生上课、搞学术研究、参加国内外学术活动——没有了行政职务,但不变的仍然是忙碌,唯一改变的是他更加纯粹了。

第二章　教学和教育

苏联教育家瓦·阿·苏霍姆林斯基指出:"教师真正的教养性表现为:学生能从他身上看到一个引导他们攀登道德高峰的引路人,从他的话里听出他在号召他们成为忠于信念,对邪念不妥协的人。"

这句话用在许兴亚身上,再恰当不过啦!许兴亚不仅是一位坚定的马克思主义及其经济学的学者,同时也是一位优秀的人民教师。多年来,他忠诚党的教育事业,牢记党的全心全意为人民服务的宗旨,谱写了一曲作为普通劳动者的人民教师的赞歌。除了在内蒙古十多年的教学生涯外,他自 1981 年留校任教以来,又在讲台上辛勤耕耘了整整 40 年。在此期间,他 40 年如一日,先后为硕士生、本科生和博士生开设《资本论》、政治经济学、马克思主义经济学理论体系、马克思主义经典著作等课程,同时作为研究生导师,先后招收与培养硕士研究生 15 届近百人,培养博士、博士后 10 余人,不少学生成长为知名的专家学者及各条战线上的领导干部和工作骨干。《中国青年报》曾在 2018 年 8 月 13 日,以《许教授的信仰缘何让学生信服:身体力行的"笨办法"比精巧的说教有效》为题,用较长的篇幅报道他教书育人的感人事迹。许兴亚用他渊博的学识和丰硕的教学成果,以身作则、身体力行,回答了培养什么人、怎样培养人、为谁培养人这一根本问题,形成了一系列值得重视的经济学教育教学思想。

第一节 把教育和教学视为自己的第一天职

许兴亚上大学时所学的政治经济学并不是师范类专业。但他走上工作岗位以后,由于工作的需要而成了一位人民教师。从那时起,他就本着"干一行、爱一行"和"全心全意为人民服务"的宗旨,自觉地学习和贯彻党的教育方针和教育思想,立志"忠诚党的教育事业",做一个又红又专的人民教师。

1981年他研究生毕业的时候,正值改革开放国家建设面临人才奇缺之时。因此,即便他们的工作仍然是由国家统一分配的,也比六七十年代最初走上工作岗位时,面临着更多可供选择和调整的机会。但是,作为一名受党培养多年的共产党员,他坚信无论在什么样的地点和岗位,为人民服务的宗旨和性质都是共通的。同时也由于怀着一颗对河南大学感恩的心,当学校提出希望他放弃到省会郑州大学工作的机会而留校工作的时候,他便义无反顾地服从了学校的安排。1985年他从《河南大学学报》编辑部回归到政治经济学专业的教学和科研工作岗位上以后,既是系主任、院长又是普通教师,他把教育和教学视为自己的第一天职,努力处理好二者之间的关系。

许兴亚在河南大学40来年的教学生涯中,有16年是在处级(副所长、系主任、院长)领导工作岗位上度过的。但是,他自始就非常明确:他不是作为身处专任教师队伍之外的专职行政干部,而是作为本专业专任教师中的一员而走上领导工作的岗位和参与经济学科建设的。也正因为如此,在这16年的任职经历中,他都是按照教师和领导干部的双重岗位职责,并且是按照双重(实际上即"双倍")的工作量标准来对自己进行严格要求的。尽管作为新创办的所、系和学院的负责人,学科建设和学院建设的工作千头万绪、百业待兴,这方面的工作就要花费掉他大部分的工作时间,但他仍然始终坚持同时按照"专任教师"的岗位职责和教学工作量严格要求自己。从未因为所担任的行政职务而改变自己的身份,从未因此而减免过自己作为专任教师的满负荷教学工作量,甚至40多年来从来没有一个学期脱离教学工作岗位、从来没有一个学期不超额完成专任教师的教学工作量。之所以如此,在他看来,除了前面已经提到的"我们的共产党不是要做官,而是要革命",以实际行动贯彻"巴黎公社"的原则以外,这也是高校院、系一级的业务负责人做好领导工作必备的前提和条件。他认为,对自己来说,担任经济研究所的所长、经济系的系主任和经济学院的院长,其实与人民军队中的连排长,与计划经济时期工厂里的车间主任,以及与农村人民公社时期的生产队长好有一比:只有先做好优秀的战斗员才能成为优秀的指挥员;只有做好优秀的工人和农民,才能同时成为他们的优秀的代表和带头人。同样,对许兴亚来说,也只有做好一名问心无愧的优秀的人民教师,才有资格成为学院和教师群体的优秀代表和学科发展的带头人。

正因为如此,他对自己的教师身份和"优秀教师"的荣誉称号,格外地珍惜。因为这是他自己真打实凿的教师工作和劳动的真实写照,丝毫没有掺杂其他身份和地位的水分。

第二节 培养"又红又专"的社会主义建设者和接班人

一、要求学生养成研读马克思主义经典的习惯

作为一名教师,许兴亚努力以导师周守正教授为榜样,始终坚持把坚定正确的社会主义方向放到第一位,培养"又红又专"的社会主义建设者和接班人。他要求他所带的研究生一定要好好学习外语,尤其是德语、英语、俄语、法语和日语。因为,马克思恩格斯的著作的原版是用德语、英语和法语写的,如果能熟练掌握这三种语言,对于研究马克思恩格斯的文本是非常重要的,有利于更好地把握他们的本意,避免人云亦云甚至以讹传讹。事实上,许兴亚本人对这几种语言均有不同程度的掌握,能够运用不同语言的文本进行比较研究,通过对比把握马克思主义经典文本的真实含义,是学界公认的这一方面少有的典范。他向来强调坚持好的学风、加强对马克思主义经典理论的系统学习,要求养成研读马克思主义经典的习惯,从而培养学生具备系统而坚实的马克思主义理论基础。

其一,研读马克思主义经典,掌握其中的科学的世界观和方法论。

许兴亚强调,马克思主义经济学不但是一门规范的科学,而且首先是一门实证的科学。尤其是它的社会主义部分,本质上就是一门关于社会主义社会的经济和社会发展以及人类自身全面发展的学说。它是与我国劳动人民的利益以及我国社会主义

经济的发展息息相关的。只有在马克思主义经济学理论的基础上,才有可能建立起真正科学的社会主义发展经济学。因而,他特别强调研读马克思主义经典尤其是其中的科学的世界观和方法论,进而确立经济科学研究的正确的立场、观点和方法的重要性。许兴亚认为,马克思在《资本论》中所使用的总方法是辩证唯物论和历史唯物论。这既是无产阶级的世界观,又是它的方法论。马克思将社会经济形态的发展看作是一个自然历史过程,经济范畴或理论不过是现实经济关系的理论反映。因此,"研究必须充分地占有材料,分析它的各种发展形式,探寻这些形式的内在联系。只有这项工作完成以后,现实的运动才能适当地叙述出来。"[①]此外,马克思还指出:"就是在理论方法上,主体,即社会,也必须始终作为前提浮现在表象面前。"[②]今天,无论对于资本主义经济还是社会主义经济的研究,同样应当采取这样的方法。近年来,我国社会主义经济问题的研究出现了一种抹杀社会主义和资本主义的界限和区别,试图用生产一般、商品经济一般或者经济活动一般的"规律",来规范或者谋划我国社会主义经济活动和行为的倾向。其中一些人所说的经济运行的一般规律,其实仅仅是资本主义经济运行的规律;所说的经济行为的一般准则,其实也只是资本主义的准则。显然,用这样的立场、观点和方法,是根本谈不上对马克思经济学说的学习、坚持、丰富和发展的。此外,许兴亚认为,人们在研究中当然还可

[①] 《马克思恩格斯文集》第5卷,人民出版社,2009年,第21—22页。
[②] 《马克思恩格斯文集》第8卷,人民出版社,2009年,第26页。

采用其他具体的研究方法,但只有在唯物辩证法这个总方法的指导下,才有可能谈得上对于马克思《资本论》方法的丰富和发展。

其次,研读马克思主义经典,有助于正确认识当今世界的形势。

许兴亚强调,研读马克思主义经典,目的在于通过学习马克思主义经典中对于社会发展前途的分析,掌握运用马克思《资本论》的原理来科学地研究、分析和回答时代向我们提出的新课题,进而正确认识当今世界的形势。许兴亚认为,马克思所处的时代,正是资本主义在全世界确立了它的统治地位的时代。正是在这种情况下,马克思依据对资本主义经济运动规律的分析,得出了"资产阶级的灭亡和无产阶级的胜利是同样不可避免的"的结论。当今世界仍然是从资本主义向社会主义、共产主义过渡的时代。然而,资本主义经济在全世界范围内却已经变成了一种残缺不全的经济。即使在它自身的范围内,也正在被迫不断地发生着一系列经常的和局部的变革。当代资本主义经济的表面繁荣和发展,不过是资本主义走向灭亡过程中的插曲。以美国垄断资产阶级为代表的国际资本主义势力在当今世界上的到处插手、发号施令、横行霸道和得意忘形,从根本上来说则是进一步暴露了它们惧怕社会主义在全世界范围内的巩固、完善和发展,惧怕资本主义最终灭亡的虚弱本质。与此相反,社会主义经济制度在世界上则已经有了100多年的历史。像任何新生事物一样,社会主义在其自身发展过程中不可避免地也会遇到各种困难和曲折。但这与资本主义所面临的困难和矛盾,具有根本不同的性质。同时,社会主义和资本主义两种制度的斗争,也不得不经历一个长期、曲折和复杂的过程。其中,既有比较集中地爆发社会主义革命,建立社会主义经济制度和社会制度的时期;也有两种经济和社会制度处于相持状态的时期。当今世界上的国际资本主义势力与社会主义国家人民在社会主义国家中所进行的颠覆和反颠覆、渗透和反渗透、和平演变和反和平演变的斗争,正是社会主义和资本主义长期斗争的尖锐、复杂的表现。但是,无论国际风云如何变幻,都不会改变社会主义一定要代替资本主义的历史总趋势。

其三,研读马克思主义经典,要注重研究与正确认识当今资本主义经济发展的新特点。

许兴亚强调,学习马克思主义经典中对资本主义经济运动的论述,要注重研究与正确认识当今资本主义经济发展的新特点。他认为,《资本论》是专门研究资本主义生产方式以及与之相适应的生产关系和交换关系及其运动规律的。从这个意义上说,它的一系列论述,对于研究资本主义经济来说,在本质上迄今仍然是正确的和适用的。但也毋庸讳言,当代资本主义经济毕竟也出现了一些新特点、新变化。例如,从直接生产过程的角度看,随着新技术革命的兴起,机器体系本身和大工业中的劳动方式、工人的劳动强度和劳动时间,以及产业结构和劳动力结构等,都出现了一系列明显的变化。从资本的积累和再生产过程的角度看,资本的集中和垄断以及资本的社会化有了进一步的发展;资本主义再生产过程的周期和危机的表现形式,以及资本积累的一般规律发生作用的形式也发生了一些明显的变化。从资本主义生产总过程的角度看,平均利润率及其趋于下降的规律,以及生产价格和市场价值规律发生作用的形式发生了新的变化;资本主义国家中信用和虚拟资本占有越来越重要的地位,公私债务急剧增加。特别是随着国家垄断资本主义的发展,资本主义国家的政府也采取了一系列有利于社会总资本再生产和垄断资产阶级整体利益的"国家干预"措施等。尽管这一切仍然局限于资本主义生产方式和资本主义制度的范围内,但同时这一切都进一步证明了马克思在《资本论》中的下述论断的正确性,即"甚至在统治阶级中间也已经透露出一种模糊的感觉:现在的社会不是坚实的结晶体,而是一个能够变化并且经常处于变化过程中的有机体","资本关系和土地所有权关系的变化会提到日程上来! 这是时代的标志,不是用紫衣黑袍遮掩得了的。"[①]如果我们能够运用《资本论》的科学原理和方法,对当代资本主义经济的发展变化及趋势作出科学的概括和分析,这对《资本论》的学说,也是一种重要的丰富和发展。

其四,学习马克思主义经典,要特别重视丰富和发展科学社会主义原理。

许兴亚强调,学习马克思主义经典中关于社会主义经济的有关论述,在中国,要特别重视丰富和发展科学社会主义的原理。他指出:马克思在《资本论》中关于社会主义经济的论述和结论,主要是依据人类社会发展的事实,特别是依据资本主义经济运动的规律、事实和矛盾而提出来的。不应把它们全都仅仅

[①] 《马克思恩格斯文集》第5卷,人民出版社,2009年,第10—13页。

视为马克思对于未来社会所作的种种设想、猜测或者纯粹逻辑上的推断。马克思所揭示的未来社会的许多特征、特点或规律，有些是在任何社会里面都存在的。例如，关于按比例分配劳动时间和社会总产品的分配；关于必要劳动和剩余劳动的划分以及关于必然王国和自由王国的关系等。有些是在资本主义以前的某些社会形态中就已经在其原始的和低级的形式上存在过。例如，公有制、非商品经济、有计划地生产，以及人类劳动的自主活动的性质等。社会主义和共产主义则是在其更高级的形式上的复归。有些则是在资本主义社会里已经开始以矛盾的形式显示出来。它们或者作为资本主义生产方式和资本主义基本矛盾的一个方面（例如生产的社会化），同时又构成向新社会过渡的物质条件和未来社会进一步发展的基础；或者直接以对立和矛盾的形式表现出来。例如，生产的社会化所造成的生产力进一步发展，劳动强度的减轻和工作日的缩短，以及人的尽可能多方面发展的可能性；对全社会生产进行有计划地自觉调节和控制的必要性和可能性；以及在银行、信用、股份公司和工人合作社、合作工厂中所显示出来的财产的社会化等。尽管这一切仍然局限在资本主义生产方式的范围内，并且是以矛盾的形式表现出来的，但毕竟是有可靠的事实依据的。因此，尽管马克思也曾一再申明，他的有些说法仅仅是为了与资本主义经济相对比而做的假设，但是，轻率地断言马克思对于未来社会的论述具有"空想社会主义"的性质或因素，乃是错误的，不符合实际的。

其五，学习马克思主义经典，必须注意正确处理"坚持"与"发展"的关系。

许兴亚认为,在对《资本论》等马克思主义经典的学习和研究中,必须注意正确处理"坚持"与"发展"的关系。马克思主义是在实践中不断丰富和发展的科学。马克思主义在当代也需要有新的大发展,这也自不待言。问题在于对此一定要有实事求是的科学立场和态度。为此,首先,必须搞清楚马克思主义的基本原理,包括它的科学理论和学说是在什么样的历史条件下,依据什么样的事实和根据得出来的。例如,马克思《资本论》中究竟包括哪些科学原理以及为什么说这些科学原理迄今仍然是正确的,等等。然后才能谈得上在此基础上进一步丰富和发展。否则,如果连马克思《资本论》的原理都没有搞清楚,甚至连原著都没读过,仅仅根据道听途说,就轻率地把它们说成是"空想"或者纯粹的"逻辑推断",或者把不属于马克思《资本论》科学原理的某些错误强加到马克思主义头上,然后大张挞伐,就不能算是一种认真和严肃的科学态度。其次,从理论和实践的关系上看,马克思主义的理论来源于实践但又高于实践。它不仅代表运动的过去和现在,而且代表运动的未来。如果仅仅因为马克思对于未来社会的某些论述暂时还与我们的某些实践对不上号,就轻率地断言它们为"空想",这显然也不是一种严肃的和科学的态度。当然,从另一方面也要防止和反对对于《资本论》学说的"左"的和教条主义的态度。

许兴亚向学生提出这些读马克思主义经典著作时的明确要求,旨在引导学生树立对待马克思主义的正确态度、掌握科学方法和理清基本线索,让学生"不畏浮云遮望眼",既能读得进去又能读得出来,从而提高他们的学习兴趣,确立马克思主义的坚定信仰。

二、努力消除西方资产阶级经济学对经济学教育的影响

当前我国经济学教育客观上存在马克思主义政治经济学和西方经济学两大理论体系。然而，一个时期以来，以新自由主义经济学为代表的西方经济学迅速上升为经济学唯一的学术规范，而马克思主义政治经济学的地位却不断遭到边缘化，马克思主义政治经济学课时严重不足，绝大多数高校的政治经济学专业事实上蜕变为"西方经济学"，经济学教育与人才培养严重偏离社会主义办学方向。导致大量经济学专业的本科生与研究生严重缺乏马克思主义政治经济学基本原理和方法论的常识，甚至被西方经济学"洗脑"，提出了许多有"毒"有"害"的理论观点与政策主张。许兴亚没有选择沉默，而是率先创办了国内第一家"马克思主义经济学网站"，殚精竭虑地弘扬马克思主义经济学真理。2016年5月27日，他和一位知名学者共同执笔，给教育部负责人写了一封公开信，呼吁"高校经济学教育贯彻落实习近平总书记'5·17'重要讲话精神刻不容缓"，在学界产生了极大共鸣。在国内外各种学术交流场合，许兴亚除了正面阐述自己的学术观点外，一旦遇到非马克思主义或反马克思主义的观点，他总会以其深厚的马克思主义经济学功底，挺身而出，据理力争，坚定捍卫马克思主义经济学的科学性和真理性。

青年学生是国家的未来，培养他们坚定的马克思主义信仰，是培养大批中国特色社会主义合格建设者和可靠接班人的需

要。对于经济学这样的意识形态性质明显的学科专业来说,尤其重要。许兴亚十分注意对学生进行正确的引导,努力消除西方资产阶级经济学思想对学生们的影响。

有这么一个典型的例子。有一次,许兴亚拿到一位在职研究生毕业论文初稿,发现问题很大:一篇马克思主义政治经济学专业学位论文,却完全按照西方经济学观点完成。许兴亚说:"我面对的不仅是这篇论文,而是这些理论和倾向。"针对这篇短短3万字的毕业论文初稿,许兴亚竟然写出了长达2.7万字的批注。后来,这个批注进一步完善修改后以《对一篇经济学硕士学位论文初稿的意见》为篇名,在中国《资本论》研究会会刊《当代经济研究》2000年第1期发表,产生了积极的影响。他的观点主要是:

(一)要完全摆脱把理论建立在一系列"假设"上的资产阶级经济学方法论的影响,坚持以马克思主义的立场、观点、方法为指导

许兴亚在肯定了这篇毕业论文初稿的主要优点后,着重指出了其最大的缺陷。

(1)未能正确把握我国社会主义市场经济体制的性质和含义,以及它与资本主义市场经济的联系与区别。对于所论"我国经济体制转轨时期市场秩序问题",不是严格从我国的国情或实际出发,而是试图首先从所谓的"理想的""市场经济""市场秩序"和"市场效率"出发来展开研究。因而使本文的研究自始就偏离了马克思主义的"实事求是"和"对于具体事物进行具体

分析"的辩证唯物主义的方法,偏离了马克思主义经济学关于"主体(即社会)必须是既定的"的历史唯物主义的方法。作为一篇马克思主义政治经济学的学位论文,这是不能允许的。

(2) 正因为如此,其所引用的理论多数不属于马克思主义经济学,而是资产阶级经济学。而资产阶级经济学共同的局限性就在于其"狭隘的资产阶级眼界",即把这些经济学家们生活在其中的那个资产阶级社会看作人类社会永恒的状态;把从这个社会的经济中抽象出来的某些规定说成是一般社会的规定,如此等等。此外,资产阶级经济学在研究方法上也是唯心主义的。例如,把理论不是建立事实上,而是建立在一系列"假设"上。

(3) 尽管该论文对于运用马克思主义经济学作了较大努力,但因主要运用的是资产阶级经济学,因此马克思主义经济学在文中就只处于从属和陪衬的地位。因此,就还不能算是做到了以马克思主义的立场、观点和方法为指导。特别是对于马克思恩格斯有关商品经济和资本主义市场经济的大量论述,本应加以系统的整理和介绍,然后结合实际加以运用。至于资产阶级经济学的市场经济理论,只有在此基础上才能有分析、有鉴别地加以采用。该论文在这方面却恰恰相反。

(二) 要彻底消除将资产阶级经济学的某些理论当成唯一的经济理论或其特有的理论而无视马克思主义经济学的错误倾向,坚持做出马克思主义的解释

研究我国经济现实问题所依据的理论应当是马克思主义的

理论,特别是中国特色社会主义初级阶段的理论和我国社会主义市场经济的理论,而不应当是资产阶级经济学的各种理论。针对将资产阶级经济学的某些理论当成唯一的经济理论或其特有的理论,而无视马克思主义经济学的不良倾向,许兴亚在讨论该论文关于"决定增长的关键因素:市场效率"并给出具体意见时,以经济增长理论为例,提出了这一观点。

(1) 关于"影响经济增长的因素"。许兴亚认为,这里应首先明确"经济增长"的概念,其中包括它与"经济发展"的关系,尤其要对它做出马克思主义的解释。

(2) "一般归纳为三类"。不能满足于"一般"这种说法。应当分别指出:西方经济学界一般是怎样看的,从马克思主义的观点来看又应当怎样看等等。其中尤其是对于"资本"的概念,必须做出马克思主义的解释,并且必须说明:被资产阶级经济学家们称作"资本"的东西,从马克思经济学的角度看实际指的是什么。

(3) 初稿有双重错误:一是完全无视马克思主义经济学;二是把经济增长理论描述为仿佛是资产阶级经济学特有的理论,因而也就是把资产阶级经济学的经济增长理论当成唯一的经济增长理论;三是在时间上,也是非历史的。

许兴亚指出,实际上,马克思主义经济学也是一贯重视社会的经济增长和经济发展的。马克思恩格斯之所以肯定资本主义的历史功绩,就在于它创造了比以往历代创造的生产力的总和还要多的生产力。他们之所以肯定资产阶级古典经济学家的历史功绩,也在于这些人(如李嘉图)主张不顾一切地发展生产力。但马克思主义经济学不仅仅是主张经济增长和经济发展,而是同时要注重人类社会的进步,注重人类自身的自由全面的发展,其中也包括今天人们所说的人和自然之间的关系的协调。其中,仅从经济增长理论的角度看,马克思的经济增长理论或思想,至少也应当包括以下三个方面。

第一,一般的人类劳动生产力发展的理论。在马克思看来,如果撇开生产的社会形式,劳动过程无非就是人以自身的活动来引起、调整和控制人和自然之间的物质变换的过程。人自身作为一种自然力和自然界相对立。人在改造自然界的同时,也改造他自身的自然。从这个意义上来说,劳动过程的三个简单要素(劳动对象、劳动资料和劳动者)以及影响劳动生产力的五个方面的因素,就是决定经济增长的主要因素。

第二,关于资本主义经济增长或经济发展的理论。由于在资本主义生产方式的条件下,劳动在形式上和实际上都已经从属于资本,所以劳动的生产力(包括劳动的自然生产力和它的社会生产力)就都已被表现为资本的生产力。劳动过程的三个要素,就变成了生产资本的存在形式。经济增长就变成了资本的增长和积累。而影响资本积累的规模和速度的因素又有:资本的积累率,劳动生产力,对工人的剥削程度,不变资本和可变资本的比率,所用资本和所费资本的差额,预付资本量等等。其中货币资本不是现实的生产要素,但它却是资本再生产过程的第一推动力和持续的动力,因此也是资本再生产过程的要素。

第三,关于社会主义和共产主义经济发展的思想。这些也是值得进一步发掘、发挥和发展的。

此外,从马克思的有关论述中,我们完全也可以列出一些有关的函数或模型。例如,马克思说劳动生产力决定于以下五个方面的因素:劳动者的熟练程度、科学及其在工艺上的应用、生产资料的规模和效率、劳动的社会组织、自然力。用符号(代数式和几何图形)写下来,这难道不就是一个很好的生产力增长的函数关系或者数学模型吗?令人费解的是:为什么我国经济学界的很多同志一谈到经济增长,似乎就只知道资产阶级的经济增长理论和资产阶级经济学家,而不知马克思和马克思主义的经济学家?是真的不知还是不屑一顾呢?或者是从根本上就不愿意下功夫进行一些认真的比较和研究呢?

(4) 从以上粗略的分析中也可以看出:被我国经济学界很多人奉若经典的所谓索洛的"新古典增长模型",实际上早已包含在马克思的生产力理论当中了。只不过由于索洛也像所有资产阶级经济学家一样,具有同样狭隘的资产阶级眼界,结果就把各种各样的混乱搅在一起了。这特别突出地表现在他的所谓"资本""资产"和"生产率"等的概念上。索洛所说的"物质资本",本来无非是生产资料,亦即马克思所说的不变资本的实物形式。但他在这里又扯进了"存货""住宅"和"国际资产"。实际上,"存货"有两种:已经进入生产领域的生产资料的储备和所生产出来的商品资本。它只有在前一种场合才能被看作现实的生产资本,或所谓"物质资本",否则就只是"商品资本"。后者只是从社会总资本再生产过程的角度,才可以在可能性上被看作不变资本和可变资本的实物形式。而作为生活资料,它是注定只能用于个人消费而不能用于生产消费的。此外,它还完全可能是积压的不能销售的产品。"住宅"的情况更是如此。因此，索洛的模型的错误，首先不是技术上的，而是理论上的。由于存在理论上的阶级局限（狭隘眼界），所以必然导致技术上的先天不足。

（三）西方经济学中的"假设"并不是现实或标准，用现实与其相对照或用这种"假设"作为标准去衡量或者剪裁实践在方法论上是唯心主义的

对于这一学界较为普遍存在的严重错误倾向及其危害，许兴亚反复进行了分析和强调。这里有两个例子。

其一，针对论文初稿对"理想状态的市场秩序及其所实现的效率最优"的讨论，许兴亚分析认为，所谓"理想状态下的效率最优"，都带有浓厚的唯心主义和形而上学的色彩。它严格地说只是一种"假设"，而不能构成"状态"。状态应是有形的东西的状态，是现实的事物的状态。离开了现实的市场关系，就谈不上市场关系的状态，不管它是"理想的"还是"不理想的"。因此，对于现实的市场经济及其秩序问题的研究，只能从现实的市场经济的实际出发，而不能从这些荒谬的"假定"出发。

他还认为，西方经济学的关于市场均衡之类的"假设"，问题在于它们本身只是"假设"而不是现实。而不在于其是否"过于"严峻或苛刻。它不是"过于严重地偏离了现实经济"，而是根本与现实经济相背离；它们不是"使论证中的现实意义打了折扣"，而是根本就不可能具有真正的现实意义。因此，对于现实的市场秩序问题的研究，不能采取用现实与其相对照的方法，

而至多只能对之做些介绍。

其二,许兴亚认为社会主义市场经济运行不能用所谓"完全竞争的帕累托最优条件下的一般均衡"作为"终极标准"。因为:

① 这只是一个"假设"的"标准",而不是实际的和从实践中得来的标准。用这种"假设"的"理想状态"作为标准,去衡量或者剪裁我们的实践,在方法论上是唯心主义的。

② 这种所谓的"最终标准",因为是脱离实际的,所以是不可靠的。说到底不过是一种靠不住的神话。因此,不是"任何市场运行态势都应该和这一标准相比",而是都不应该"与这一标准相比";"实际上"存在的也不是所谓"现实经济运行与理想状态运行的差别与矛盾",而是现实经济运行自身过程中的矛盾。我们的研究只应当从这里出发。

③ "适合国情的现实评判标准"应是中国特色社会主义的评判标准。这里存在的矛盾应是社会主义的本质(解放生产力,发展生产力,消灭剥削,消除两极分化,最终达到共同富裕)和现实(效率不够高、也不够公平)之间的矛盾。

关于"效率标准"许兴亚强调:这里首先涉及的是效率的概念。

1. 关于"交易效率最优"

所谓"当商品和服务的总量既定,消费者的收入既定时,价格机制使每一组物品的边际替代率对于消费者而言是完全等同的。"翻译成普通人可以明白的语言,这无非是指商品的价格必须容易地为买卖双方所接受。但这还远远不能说明和决定"交易"的"效率"。所谓交易的效率,从马克思主义经济学的角度看,应该是指商品和服务能够顺利通过流通环节的程度,也就是流通速度和流通时间的问题。它不仅与商品的供应和消费有关,而且与交通运输条件、设施与服务、流通环节的多少、流通手段是否充足、竞争能否正常进行以及管理的现代化等有关。为什么放着这样清楚明白的道理不用,而硬要采用西方经济学如此晦涩的理论呢?

2. 所谓"生产效率最优"

所谓"每一组生产要素之间的边际产品对一切生产物品的生产而言是相同的",这实际也是一种根本不可能存在的所谓"理想状态"。所谓任何一种产品的"边际生产成本和产品价格相等"是什么意思呢?无非是说,任何一种产品在它接近于卖不出去的时候,利润就会接近于零。在经济学的意义上,这简直等于什么也没有说。其实,从马克思经济学的观点看,所谓"生产效率",从单个企业的角度看,无非是企业的劳动生产率和经营管理水平。就其对市场的依赖关系来看,它一方面依赖于从市场上所得到的生产要素的规模和效能;另一方面还要取决于市场供求、竞争和价格。但这对企业来说毕竟还都是外部条件。企业的经济效益或"生产效率",主要还是取决于企业的内部条件。而若从全社会的生产和再生产的角度看,除了总体的生产要素和市场的状况以外,还要取决于社会生产各部门、各方面的比例关系等。这种比例关系在市场经济的条件下,是通过竞争而得到实现的。但其中必然也会伴随着危机和紊乱。这是人们无论做出怎样精致的"假定"也避免不了的。

3. 所谓"总体效率最优"

在这里,庸俗资产阶级经济学的性质暴露得淋漓尽致了。说什么"当每一个生产者都自私地最大程度地增加利润时,并且当每一个消费者都自私地最大程度地增加他的效用时,这个体系作为一个整体在这种意义上是有效率的。"——谁愿意承认这是社会主义市场经济的"效率最优",就让他去承认吧!

至于说到"效率标准是评判市场体系的标准体系中最首要的标准",这当然可以认为是正确的,否则我们就不需要建立社会主义市场经济体制了。但这里所说的"效率",应当是实实在在的效率,而不是永远也不可能实现的那些抽象的曲线和模型。此外,真正的市场效率,只能是指市场在使流通为生产和消费服务方面的效率,是指好的市场环境和市场秩序所形成的使流通时间和流通费用减少的效率。除此之外,任何过分夸大市场及其"效率"的做法,都是错误的。

关于"公平标准"。许兴亚认为,首先有一个"公平"的概念问题。我国是一个社会主义国家。我们所说的公平,首先应当是社会主义的公平,然后才是市场经济中的所谓的公平。二者事实上是对立的和矛盾的。只是由于我国的社会主义社会还处在它的初级阶段,所以二者才有可能在这种特殊的历史条件下结合起来。只讲所谓市场经济的公平,而不讲社会主义的公平,这不能不说是一种十分错误的倾向。

1. 关于"反映机会平等的公平"

(1)"一个完善的市场,除了有效率功能外,还有公平功能,即促进社会成员之间公平的功能"。

不对。任何市场,不论其怎样完善也不能自发地具有这样的功能。竞争的原则就是优胜劣汰(或弱肉强食)。正因为市场竞争天然就是不平等的和不公平的,所以才要求由外部对市场加以规范和干预。这就是我们要"改革流通体制,健全市场规则,加强市场管理,清除市场障碍,打破地区封锁、部门垄断,尽快建成统一开放、竞争有序的市场体系"的原因之所在。任何"原则",包括所谓市场经济条件下的"机会平等"的原则,不过仅仅是一种原则。而在市场经济的条件下,这个原则时时处处与实践都是互相矛盾的。只有在实行社会主义按劳分配的条件下,原则和实践才不再互相矛盾(参见马克思《哥达纲领批判》)。而所谓"这种公平的结果表现为个人分配由个人对财富的贡献决定而最终表现出来",纯粹是一种资产阶级式的欺人之谈。

(2)"对于这种平等,马克思早有论述:'商品是天生的平等派'。""马克思……实际上是对'货币权利'的一种默认。"

① 马克思实际上并不是对于这种权利的默认,而是揭示出了一个事实。揭示决不等于"默认"。

② 其次,说"权利永远不能超出社会的经济结构以及由经济结构所制约的社会的文化的发展",这当然是正确的,但由此决不能导致对于这种权利的过分美化。

③ 至于说"正是在这种货币权利面前……商品交易主体之间才是平等的",则是错误的。在商品交换中,商品所有者之所以被看作是平等的,仅仅是因为他们彼此默认对方是不同的商

品所有者(事实上或法律上的)或私有者。货币作为价值尺度和流通手段,仅仅是为这种交易提供了一种计量的工具和交易的手段。一个人单是有了货币,还是不能轻言与同样也持有货币的他人之间是平等的。一个仅仅持有少量工资的工人和一个大的证券商人,难道仅仅因为彼此都持有货币就会成为平等的吗?

2. 关于"反映结果平等的公平"

首先,把"大锅饭式的平等"与"要素根据它的贡献取得了相应的报酬"式的平等对立起来,是不正确的。不是只有这样两种平等,而是此外还有我们所要追求的社会主义式的平等。

其次,"生产要素"是物(劳动者除外)不是人。它何来"贡献"?又怎么会要"报酬"?

① 就物质财富的生产来说,自然物质和劳动共同构成财富的内容或"质料"。但自然物质不是人,当然也就谈不上什么"贡献"。

② 就财富的社会形式(价值、价格和利润等等)而言,它们同样不会对财富的生产做出任何的"贡献"。

③ 就财富的占有和分配而言,除了按劳分配、按需分配或者所谓"按等级或特权分配"之外,剩下来的就是"按要素分配"或者不如说"按要素的所有权分配"(这是按要素分配的实质,如按资本和土地分配等)。而这与所谓"按要素的贡献分配"是两回事。

与我国经济学界很多同志对于市场经济的过分推崇相反,倒是萨缪尔森的说法,多少说出了一些实情。但政府的职能不能局限于对社会不公平的事后调节(如通过税赋制度和社会保障制度对社会财富进行调节和再分配),而是首先要在社会主义的基本经济制度方面提供保障,其中包括要始终不渝地坚持公有制和按劳分配的主体地位(也就是首先要坚持搞好国有经济和集体经济),始终不要完全轻信那只所谓"看不见的手"和所谓的"理想状态"的"最优"和"均衡",而是要坚定不移地在放开搞活的同时决不放松国家对整个经济生活的宏观调控等。只有这样,我们才有可能真正建立其适合中国国情的和有中国特色的社会主义市场经济的新秩序。

3. 关于"公平标准的具体衡量"

① "市场经济"中的效率与社会公平确实是矛盾的。但不能笼统地认为在"社会主义"条件下也是这样。我们之所以要"把社会主义同市场经济结合起来",并且认为这"是一个伟大的创造",原因之一就是要把社会主义的公平和市场经济的效率很好地兼顾起来:用社会主义的公平,去防止和克服市场经济自身必然会造成的不公平;用市场经济的效率,去补充社会主义的效率。否则,就很难说我们所实行的是"社会主义"的市场经济。

② 在具体衡量公平的具体方法上,弗伦茨曲线和基尼系数都是可以借鉴的。但对其中的"收入"概念,应当做出马克思主义的解释。

他认为,公平标准和效率标准都不是衡量我国社会主义市场经济有序运行的仅有标准,更重要的还有我们的生产力标准和社会主义标准。

（四）反对不加分析地采用资产阶级经济学的概念，概念采用之前务必要界定清楚

论文初稿中的"现实经济运行中公平与效率的替换"，直接采用了资产阶级经济学的概念。

对此，许兴亚认为，首先有问题的是"公平"和"效率"的概念。不加分析，就全都是似是而非的。

（1）所谓的"公平"。它是一个历史的范畴。例如，有资本主义的公平，也有社会主义的公平。我国"社会主义""市场经济"条件下的公平应该是什么样的公平？在这个问题没有界定清楚之前，"公平"就只能是一句空话。"效率"的概念也与此相类似。

（2）正由于不加分析地采用了资产阶级经济学的"公平"和"效率"的概念，因此才引出了所谓"公平与效率的替换的难题"。而在社会主义的条件下，两者应该是能够统一起来的。即使在我国社会主义初级阶段和实行社会主义市场经济体制的条件下，也应如此。既要"解放生产力、发展生产力（讲求效率）"，又要"消灭剥削，消除两极分化，最终实现共同富裕（讲求公平）"，这正是我们所要努力实现的奋斗目标和社会主义的本质之所在。

（五）关键应当讲清我国的市场主体与一般的市场主体之间的联系和区别,处理好其中的共性和个性的关系

在对中国现实市场运行秩序的辨析时,许兴亚指出:

(1) 对中国现实市场运行秩序的分析,立足点应当全部转到"社会主义"市场经济的分析上来。用"社会主义"和"市场经济"这两条标准来衡量和判断。不要只想到市场,忘记了社会主义。

(2) "经济人"的规定,只是私有制条件下市场主体行为方式的一种抽象。在社会主义市场经济的条件下,在市场竞争中,我国的企业法人事实上也是需要像"经济人"那样行事的,而且也特别需要有"理性",但这与"价值观念"毫不相干。构成我国市场经济行为主体的"个人",在绝大多数情况下首先应当是"社会主义"的劳动者;我国的"企业法人",就其作为公有制的市场经济主体而言,首先也应当是"社会主义"的企业法人。在此前提下,然后才能谈得上要求他们成为社会主义的"经济人"。但这样一来,这样的"经济人"就不应当与西方经济学所说的"经济人"具有完全相同的规定了。

这里关键应当讲清我国的市场主体与一般的市场主体之间的联系和区别,处理好其中的共性和个性的关系。例如,关于"完全理性经济人"的假设等。

从马克思主义经济学的观点看,为了建立与社会主义市场经济体制相适应的现代企业制度,国有企业的产权确实是应当

进一步"明晰"的。但"产权明晰"决不等于私有化。至于被我国经济学界很多人近些年来炒得沸沸扬扬的西方经济学的所谓"产权理论",实际上是极无内容、极其简单的。说到底,无非就是马克思所说的商品所有者"彼此当做外人看待的关系"。[①] 用马克思的话来说就是:"可见,他们必须彼此承认对方是私有者。这种具有契约形式的(不管这种契约是不是用法律固定下来的)法的关系,是一种反映着经济关系的意志关系。这种法的关系或意志关系的内容是由这种经济关系本身决定的。在这里,人们彼此只是作为商品的代表即商品占有者而存在。"[②] 我们所要建立的是"社会主义"的市场经济,因而,这里的"产权关系"也就不能完全等同于一般的市场经济中的产权关系,即私有制的产权关系。建立与"社会主义"市场经济体制相适应的产权关系,是一项开创性的任务。不能指望从资产阶级经济学的产权理论中得到现成的答案。此外,对于"产权关系",如果不是把它放在一定的生产关系中来研究,而是局限于这些"权利"(或权力,不管它是"一组"还是"一束")自身,那就难免使其成为一种唯心主义的法律构想或幻想。

---

① 《马克思恩格斯文集》第5卷,人民出版社,2009年,第107页。
② 《马克思恩格斯文集》第5卷,人民出版社,2009年,第103—104页。

（六）不要用一般的"市场经济"来"规范"或裁剪我们的社会主义，也不要用资产阶级经济学来取代马克思主义经济学或把马克思主义经济学和资产阶级经济学来个简单的"合二为一"

许兴亚认为,实行社会主义市场经济,就必须"放开搞活",就必须保护合法的自由贸易。另一方面,又必须看到,贸易自由从来都是相对的而非绝对的。从历史上看,贸易自由首先是新兴资产阶级的口号和主张。因为发达的商品流通即贸易,是资本主义生产方式产生的一个前提。但资本主义的贸易自由一开始就具有两面性：资产阶级及其国家往往既要求贸易自由又实行贸易保护,既要求自由竞争又助长垄断。因此,社会主义国家即使在实行社会主义市场经济体制的时候,也不能只讲一面而忘记另一方面。

在如何正确认识和发挥政府对市场的调控的问题上,许兴亚认为,真正的问题是：就政府的经济职能而言,它的行为的"核心"恰恰不是、至少首先不是"是否符合市场规律"。从计划经济的角度看,当然不是。从社会主义市场经济的角度看,也不是。因为即使按照一些通行的所谓"市场经济理论",政府的职能也是用来对付"市场失灵"的。而且"失灵"这种说法也是错误的。这不是"市场失灵",而是"市场显灵"。不过,即便采用这一说法,也应当说：正是因为"市场规律"有"缺陷",所以才要"政府"出面加以"弥补"和干预。怎么可以要求政府的行为只能"符合"市场规律呢？

政府宏观调控的职能(其中也包括其以计划的和行政手段所发挥的职能),首先在于保证社会经济的正常运转和可持续发展。其中包括:正确处理改革、发展和稳定的关系,保证整个国民经济持续、快速、健康地发展。可以这样说,即使对于发达的(即所谓现代的)资本主义市场经济来说,国家干预也是作为自由放任的市场经济的对立面而逐渐产生和发展起来的,何况社会主义国家呢?

他认为,不讲公有制的主体地位,只讲"完备的财产保障"和"多元利益主体财产权的合法性",这实际上是我国经济学界一部分主张资产阶级私有化和自由化的人的一种隐晦曲折的说法。如果真的实行了私有制,那么,这种"完备的财产保障"究竟会成为社会上的哪些人和哪些阶级才有可能拥有的"完备的财产保障"呢?

针对论文初稿提到"市场经济最基本立足点就是人的利己心,人的利己心是经济高速发展的原动力",许兴亚一针见血地指出,这是典型的资产阶级庸俗经济学极端利己主义的语言。用这种"价值取向"来规范我们的"社会主义市场经济",可见资产阶级的意识形态和价值观已经多么深刻地侵入了我国经济学的领域!关键是什么才是符合社会主义市场经济体制的观念?这个问题是值得认真研究的。例如,如何把社会主义的价值取向和对于经济主体自身利益的追求更好地、恰当地结合起来等。但是无论如何也不能不假思索地完全照搬资产阶级经济学的意识形态。

他认为,我国的经济体制改革是社会主义性质的改革,是我国社会主义经济制度的一种自我完善和自我发展。我国所要建立的"市场经济",是社会主义的市场经济体制。它绝不是要改掉我们的社会主义的基本经济制度,也绝不是要用一般的"市场经济"来"规范"或裁剪我们的社会主义。当然也不意味着要用资产阶级经济学来取代马克思主义的经济学,也不是把马克思主义经济学和资产阶级经济学来个简单的"合二为一"。

在该文发表时作者所做的附记中,许兴亚写道:"本文是对我校政治经济学专业一位硕士学位申请人论文初稿的批语。这位学生或申请人本身是无辜的。但论文中的观点和方法,不能不说带有一定的普遍性。"从中也可以看出:改革开放以来,我国经济学界在贯彻和执行党的基本理论和路线、学习和丰富马克思主义经济学方面虽然已经取得了巨大的成绩,但在另一方面,经济学中资产阶级意识形态的影响确实也较深地侵入了我国经济学研究的诸多领域。因此,许兴亚认为,我国经济学界的任务之一,就是在吸收和引进西方经济学的某些理论和做法的同时,努力开展对于其中的资产阶级意识形态的批判。特将本《意见》发表出来,以期引起足够关注,在学生培养的过程中减少不必要的弯路。值得欣慰的是,该研究生已另行选题,并已顺利地通过了论文答辩。因篇幅所限,并为保护原作者,原文不再一并提供。

第三节 对经济学学科体系建设和课程改革的设想和建议

在长期的教育教学实践中,许兴亚敏锐地发现了当前我国经济学教育和教学存在的许多亟待解决的问题,并针对性地提出来一些颇有价值的设想和建议。

一、马克思主义政治经济学课程及课程体系

(一)对"政治经济学"专业和课程名称的意见

在我国高校中,作为经济学类各专业共同的专业基础课之一的"马克思主义经济学",迄今为止一直被称作"政治经济学"。关于这一课程名称的理论来源,许兴亚认为:一是可以追溯到恩格斯的《反杜林论》,二是可以追溯到列宁的一系列论述,特别是他著名的《马克思主义的三个来源和三个组成部分》,三是更加直接的,则是起源于苏联的政治经济学教科书。

他认为,这在改革开放以前,特别是从把"马克思主义"看作一个科学的整体的角度看,原本是并不存在过多问题的。因为:第一,马克思主义政治经济学的确是马克思主义的三个组成部分之一,而且的确也是它的主要内容。第二,马克思主义政治经济学或经济学,不仅包括它的基本原理,而且也包括其在各门具体的应用经济学中的应用。这也是没有歧义的。第三,在马克思主义经典著作中,特别是在马克思恩格斯的一些书信和著作中,"经济学"和"政治经济学"这两个名称的确也是经常通用的。而且,他们也都曾把马克思计划写作中的政治经济学的理论巨著称作马克思的"经济学著作"或马克思的"政治经济学"。马克思还曾把他的《资本论》的内容称作"英国人称为'政治经

济学原理'的东西。"可以说,马克思主义政治经济学,也就是马克思主义经济学。

问题并非没有。其最突出的是:这同一名称的课程,既在高校经济学各专业中作为一门专业课来开设,又曾在高校所有的专业中作为一门共同的公共政治理论课来开设,这就难免使人们更容易把它视为一门单纯的政治理论课。更进一步的问题还在于:我们现在所要讨论的是在我国现行的学科专业目录中作为"经济学"门类中的一个专业,以及作为一门经济学类各专业的主干课程的"马克思主义经济学"。特别是考虑到近些年来我国高校经济学领域内出现的贬低、削弱、排斥马克思主义经济学的种种错误说法和做法,这一专业和课程的名称,似乎也就有了进一步斟酌和推敲的必要。许兴亚教授个人初步的意见主要有以下两点。

其一,若要继续采用"政治经济学"名称,则要做出明确的规定和要求:严格限定这一专业和这门课程的"马克思主义经济学"的性质,以便杜绝一些单位和教师无论出于何种原因而用资产阶级经济学的某些内容(包括所谓的"市场经济学"和"新政治经济学"等)来替代和置换马克思主义经济学的做法;而这一点在我国这样一个以马克思主义为指导思想的社会主义的国度里,原本几乎是不需要做出强调和要求的。

其二,最好将其正式定名为"马克思主义经济学"。这样做的根据是:

第一,定名为"马克思主义经济学"以后的主要好处是:一方面,可以更加有利于杜绝那种用西方经济学的某些内容来置换和替代马克思主义经济学、对马克思主义经济学"以次充好"的做法。另一方面,也有利于在"经济学"这个大的学科"门类"下,特别是在"理论经济学"的领域内,与"西方经济学"即"资产阶级经济学"相抗衡。这也是在我国高校经济学领域内更好地坚持马克思主义的指导、主导和主流地位的最起码的条件和要求。当前,首先要尽一切可能,努力改变、克服和防止在我国高校经济学领域内片面地向西方经济学"一边倒"、致使变成资产阶级经济学的一统天下的局面。

第二,从辞源上来看,德文中的 Der politische Ökonomie 和英文中的 political economy 都是一种"渐旧"了的"双名",既可以指"政治经济学",也可以指"政治经济",因而既可以译作"政治经济学",又可以译作"政治经济"。正是由于这个"渐旧"了的"双名",致使无论在马克思主义经济学界还是资产阶级经济学界,都已经发现了其所带来的一定的麻烦。

在资产阶级经济学界,早在 19 世纪 70～80 年代的所谓的"边际革命"的时期,这一资产阶级学派的代表人物之一杰文斯,就在他 1879 年再版的《政治经济学理论》的序言中提出了应将政治经济学(英文 political economy)更名为"经济学"(英文 economics,德文中相对应的则是 Ökonomie)。其正式的理由就是"Political Economy 这个双名是麻烦的",所以应尽早放弃。而 Economics 则既与 Economy 这个旧名称更近似,又在形式上与 Mathematics(数学)、Ethics(伦理学)、Aesthetics(美学)及其他各种科学的名称可以类比,如此等等。在许兴亚看来,尽管这仅是杰文斯的一些十分表面的理由,但如果撇开他背后隐藏着的进一步的动机不说,那么这就只不过是一个属于"科学形式"的纯粹学术性质的问题,因此也是没有更多的理由加以反对的。许兴亚认为,把政治经济学称作经济学的另外的好处之一就是它的简便。这样,经济学就只不过是政治经济学这门科学的一种简称。而在我国高校现行学科专业的划分中已经把"经济学"规定为一个大的门类的情况下,这也将更加有效地防止和克服那种把西方经济学称作"经济学"而与学科门类中的"经济学"相混淆,阻止把马克思主义经济学称作"政治经济学"而把它贬低为"经济学"的一个分支或流派,甚至仅仅把它说成是一门政治理论课,从而把它完全驱逐出"经济学"领域的企图。

在马克思主义经济学界,20世纪80年代以来,在日本和我国,随着对马克思的《资本论》及其手稿及马克思经济学理论体系研究的深入,有学者已经对马克思宏伟的"六册"(包括《资本》《土地所有制》《雇佣劳动》《国家》《对外贸易》和《世界市场》)经济学著作的名称和《资本论》的副标题的"政治经济学批判"的翻译问题,提出了不同的意见,认为在这两个场合都应译作《政治经济批判》而不是《政治经济学批判》(参见:[日]松石腾彦:《资本论の基本性格》,青本书店,1985;许兴亚:《马克思的国际理论》,中国经济出版社,2004)。这里所要指出的仅是:尽管这里所涉及的是《政治经济学批判》的名称,而不是"政治经济学"本身的名称,但由此也可以看出,不仅对于资产阶级经济学,而且对于马克思主义经济学来说,Political Economy 这个"双名",的确是容易引起一些这样那样的"麻烦"的。从这个意义上说,许兴亚既坚决反对杰文斯的经济学中的全部资产阶级意识形态的倾向，又认为他的这个为政治经济学"改名"的主张，若从"纯学术"的意义上来说，也是有道理的。

许兴亚教授在世界政治经济学学会首届论坛做主题报告

鉴于此，许兴亚教授建议：

第一，在我国高校"经济学类"的专业目录和课程体系中，取消"政治经济学"这一专业和课程的名称，代之以"马克思主义经济学"的名称。

第二，与此同时，为了避免引起不必要的麻烦和歧义，建议教育部尽快做出相应的规定：今后，我国高校中的"西方经济学"这个专业和这门课程，一律不得擅自简称为"经济学"。即使在使用国外原版（或翻译过来的）的、仅仅以《经济学》为名的各种资产阶级经济学的教科书的情况下，也只能把它当作一种

"参考书",或者可供"研究"的对象,并在各类教学文件(诸如教学计划、教学大纲和教案等)中至少要连作者一起列出来,例如,称作"某某人的《经济学》"等。不得擅自删掉这一"专业"和"课程"中的"西方"或者"国外"这个定语。从与马克思主义经济学的相关意义上来说,必须为这门课"正名",以防止和杜绝用资产阶级的经济学来"以次充好",冒充我国全部理论经济学,并像资产阶级自由化的改革主张在经济领域内"侵吞"我国社会主义的国有和集体资产那样来"侵吞"我国马克思主义经济学的阵地或地盘。在这方面,不给资产阶级经济学的意识形态以任何可乘之隙。

他还强调,研究生层次中的"马克思主义经济学"和"西方经济学"这两个"专业",以及研究生和本科生层次中都要开设的这两门"课程",在立场、观点和方法上都必须是马克思主义的。它们之间所剩下来的区别,只是在研究对象的侧重点和论述次序的区别。

(二) 关于马克思《政治经济学批判》的名称以及《资本论》的副标题的探讨

原有的政治经济学教科书"绪论"部分,在讲到马克思主义政治经济学的产生时,往往提到:马克思恩格斯在批判地继承了资产阶级古典政治经济学的基础上,经过科学的改造,创立了马克思主义的政治经济学。许兴亚认为,这一点现在看来似乎有进一步推敲和完善的必要。

因为,马克思计划中的"六册"经济学著作的名称和《资本论》的副标题,其德文原文是"Kritik der politischen Ökonomie",相应的英译文是"a critique of political economy"。其中的德文 politischen Ökonomie 和英文 political economy,正如上面已经指出的那样:是一个"双名",在汉语中本来既可以译作"政治经济学"也可以译作"政治经济"。相应地,马克思计划中的"六册"经济学著作的名称和《资本论》的副标题,单从语法和词义上看,本来也同样既可以翻译作"政治经济学批判"也可以译作"政治经济批判"。许兴亚的观点是:从马克思自己的一些相关的论述来看,这里应译作"政治经济批判"而不是"政治经济学批判"。

正如马克思在1858年2月致拉萨尔的信中所说的:"应当首先出版的著作是对经济学范畴的批判,或者,也可以说是对资产阶级经济学体系的批判叙述。这既是对上述体系的叙述,又是在叙述过程中对它进行的批判。……叙述(我指的是叙述的方式)是完全科学的,因而按一般意义来说并不违反警方规定。……当然,我有时不能不对其他经济学家进行批判,特别是不能不反驳李嘉图,因为作为资产者,李嘉图本人也不能不犯即使从严格的经济学观点看来的错误。但是,总的来说,关于政治经济学和社会主义的批判及历史应当是另一部著作的对象。最后,对经济范畴或经济关系的发展的简短历史概述,又应当是第三部著作的对象。"[1]

许兴亚分析道:值得注意的是这段话中的"经济学范畴"的

---

[1] 《马克思恩格斯文集》第10卷,人民出版社,2009年,第150页。

德文原文为"der ökonomischen Kategorien"。而德文中的"Kategorie"即哲学意义上的"范畴",同时也有"类别"和"类型"的意思。就是说,即便将这里的"ökonomischen Kategorien"译作"经济范畴",也还是有主观的"经济学的范畴"和客观的"经济范畴"之分。第二个分句的德文原文是"oder, if you like, das System der bürgerlichen ökonomie kritisch darstellt",直译应为:"或者, if you like,也可以说是来批判地叙述资产阶级经济学的体系。"接下来的第二个完整的句子,其德文原文则为:"Es ist zugleich Darstellung des System und durch die Darstellung Kritikdeselben."而这里的副词"zugleich",其作用其实仅相当于英文的"both"。因此不应译作"同时也是",而应译作"同时是"。全句的意思则是:"这是同时进行的对上述体系的叙述和在叙述过程中对它进行的批判"。

那么,马克思在这部书中所要"叙述"和"批判"的究竟是哪个"体系"?究竟是"资产阶级经济学的体系",还是"资产阶级经济的体系"呢?许兴亚认为,显然应当是"资产阶级经济的体系",而不是"资产阶级经济学的体系"。其理论依据是:

首先,从马克思1859年写的《〈政治经济学批判〉序言》中看得很清楚。因为,马克思在"序言"中开宗明义地指出:"我考察资产阶级经济制度是按照以下的顺序:资本、土地所有制、雇佣劳动;国家、对外贸易、世界市场。在前三项下,我研究现代资产阶级社会分成的三大阶级的经济生活条件;其他三项的相互联系是一目了然的。"①很明显,无论这六项中的哪一项,还是其总体,都绝非属于"资产阶级经济学的体系",而是地地道道属于资产阶级的"经济体系"。而且,《全集》的中译者也同样是这样理解的,因此才把第一句话中的"资产阶级经济体系"译作了"资产阶级经济制度",而不是"资产阶级经济学的体系"。尽管把其中的"System"译作"制度"仍然未尽如人意,但这毕竟与"资产阶级经济学的体系"不是一回事。

其次,从该书的内容,特别是其"正文和附录"这种安排上看得也很清楚。因为在这里,马克思是把对于作为资产阶级社会的财富的元素形式的"商品"和"货币"这两种现实的"经济关系"和"经济形式"的分析放在前面作为正文,而把对于资产阶级经济学家的相关理论的评述(即批判),包括"关于商品分析的历史"、"关于货币计量单位的学说",以及"关于流通手段和货币的学说",分别冠以 A、B、C 的标号,作为附录分别放在第一章"商品"、第二章第一节"价值尺度"及整个"第二章"之后。这就说明,被马克思作为研究对象来"叙述"和"批判"的,乃是"资产阶级经济的体系",而非"资产阶级经济学的体系"。

至于到了《资本论》,这一事实则已表现得更加清楚明白。因为在这里,马克思不仅在德文第一版的序言中更加明确地声明道:"我要在本书研究的,是资本主义生产方式以及和它相适应的生产关系和交换关系",②而且凡是读过或者哪怕听人讲授

---

① 《马克思恩格斯文集》第 2 卷,人民出版社,2009 年,第 588 页。
② 《马克思恩格斯文集》第 5 卷,人民出版社,2009 年,第 8 页。

过《资本论》的人都会知道，马克思在该书所"叙述"和"批判"的，首先也绝不是"资产阶级经济学的体系"，而是"资产阶级的经济体系"，也就是"资产阶级"的或者"资本主义的""经济系统"。而德文中的"System"一词，正如它的英文同胞一样，本来也就是"系统"或"体系"的意思。

由此可见，马克思经济学"六册计划"著作的题目和《资本论》的副标题，都应是《政治经济批判》，而不是《政治经济学批判》。马克思首先致力于对资产阶级"政治经济"的批判，亦即对于"资本主义生产方式以及和它相适应的生产关系和交换关系"的批判，而不是单纯致力于对资产阶级政治经济"学"的批判。这不仅涉及马克思主义经济学的来源，而且涉及马克思主义经济学的研究对象和性质，以及马克思在其中所贯穿的历史唯物主义的基本方法。长期以来我们总是说，马克思主义政治经济学的来源是英国的古典政治经济学，但这其实仅是从"先前的思想材料"或纯粹的"理论来源"的角度来说才是正确的。而从认识论的角度看，其更加直接的来源则应是实践，即对于现实资产阶级经济关系的批判。资产阶级经济学，无论古典的，还是庸俗的，在马克思那里都不过是"附带批判"的对象，并且即使这种批判也不是一概否定，而是辩证地分析。

因此，在将来新编写的"马克思主义政治经济学"的教材中，以及在"经济学说史"或"政治经济学史"教材的编写中，对于这一问题应如何表述，许兴亚认为，至少是需要经过进一步斟酌的。

(三) 对马克思主义政治经济学研究对象的讨论

1. 对马克思主义政治经济学的研究对象定义为生产关系的主要论据的评析

长期以来,苏联和我国的《政治经济学》教科书,都是按照斯大林的说法,把马克思主义政治经济学的研究对象定义为生产关系。斯大林的这种说法并非完全没有根据。而且,人们往往会从马克思、恩格斯和列宁的有关论述中找到一些类似的论据。许兴亚对其最主要的或最常见的论据逐一进行了评析。

其一,马克思在《〈政治经济学批判〉序言》中那段著名的论述,即:

"人们在自己生活的社会生产中发生一定的、必然的、不以他们的意志为转移的关系,即同他们的物质生产力的一定发展阶段相适合的生产关系。这些生产关系的总和构成社会的经济结构,即有法律的和政治的上层建筑竖立其上并有一定的社会意识形式与之相适应的现实基础。……无论哪一个社会形态,在它所能容纳的全部生产力发挥出来以前,是决不会灭亡的;而新的更高的生产关系,在它的物质存在条件在旧社会的胎胞里成熟以前,是决不会出现的。"[①]还有就是马克思在为该书所写的《导言》中所说的:"可是,政治经济学不是工艺学。"[②]

许兴亚分析认为,对于马克思的前一段论述,人们往往忽视

[①] 《马克思恩格斯文集》第2卷,人民出版社,2009年,第591—592页。
[②] 《马克思恩格斯文集》第8卷,人民出版社,2009年,第9页。

了在"现实基础"后面被略去的一句话,即"物质生活的生产方式制约着整个社会生活、政治生活和精神生活。"马克思在他于八年之后出版的《资本论》第1卷的一个注释中,就已经对此作了进一步的阐释,他写道:"在那本书中我曾经说过,一定的生产方式以及与它相适的生产关系,简言之,'社会的经济结构,即有法律的和政治的上层建筑竖立其上并有一定的社会意识形式与之相适应的现实基础',物质生活的生产方式制约着整个社会生活、政治生活和精神生活的过程。"①而且正如马克思关于《资本论》的研究对象的那段话,即"我要在本书研究的,是资本主义生产方式以及和它相适应的生产关系和交换关系。"

至于"政治经济学不是工艺学",许兴亚则强调,应当指出的是:一方面,马克思在《导言》中是在首先指出了"摆在面前的对象,首先是物质生产"②以后才说的。而且,说"政治经济学不是工艺学",并不意味着政治经济学就一定要完全排斥工艺学(德文Technologie),而只是说政治经济学的研究与工艺学对于"物质生产"的研究,具有不同的角度。因为,政治经济学研究的是社会生产过程的总体,而不是专门研究生产的工艺过程。另一方面,工艺学虽然是专门研究工艺的,但它同时也会"揭示出人对自然的能动关系,人的生活的直接生产过程,从而人的社会生活关系和由此产生的精神观念的直接生产过程。"③这就说明,从马克思的这两句话中是得不出政治经济学的对象只能是

---

① 《马克思恩格斯文集》第5卷,人民出版社,2009年,第100页。
② 《马克思恩格斯文集》第8卷,人民出版社,2009年,第5页。
③ 《马克思恩格斯文集》第5卷,人民出版社,2009年,第429页。

"生产关系"的。

其二,恩格斯在《卡尔·马克思〈政治经济学批判〉第一分册》中的一段话,即"经济学研究的不是物,而是人和人之间的关系,归根到底是阶级和阶级之间的关系。"

许兴亚分析认为,人们往往忘记了恩格斯后面还紧跟着的一句话,即"可是这些关系总是同物结合着,并且作为物出现。"[①]同时也忘记了,恩格斯的这段话是对专门狭义的政治经济学即资本主义的政治经济学来说的。而资本主义生产关系的特点之一,就是体现为阶级与阶级之间的关系,并且充满了商品拜物教、货币拜物教和资本拜物教的性质。至于恩格斯对于什么才是全面理解的"经济关系",正如他在晚年致瓦·博尔吉乌斯的信中所说的:"我们视之为社会历史的决定性基础的经济关系,是指一定社会的人们用以生产生活资料和彼此交换产品(在有分工的条件下)的方式。因此,这里包括生产和运输的全部技术。这种技术,照我们的观点看来,也决定着产品的交换方式以及分配方式,从而在氏族社会解体后也决定着阶级的划分,决定着统治关系和奴役关系,决定着国家、政治、法律等。此外,在经济关系中还包括这些关系赖以发展的地理基础和事实上由过去沿袭下来的先前各经济发展阶段的残余(这些残余往往只是由于传统或惰力才继续保存着),当然还包括围绕着这一社会形式的外部环境。"此外还指出:"种族本身就是一种经济

---

① 《马克思恩格斯文集》第2卷,人民出版社,2009年,第604页。

因素。"①

其三,列宁关于"政治经济学的对象决不像通常所说的那样是'物质财富的生产'(这是工艺学的对象),而是人们在生产中的社会关系。"②以及同样也是列宁所说的:"马克思'从社会生活的各种领域中划分出经济领域,从一切社会关系中划分出生产关系,即决定其余一切关系的基本的原始关系。'"③还有就是:"唯物主义提供了一个完全客观的标准,它把生产关系划为社会结构……把各国制度概括为社会形态这个基本概念"④,等等。

许兴亚强调:正是列宁的这些提法,才构成了斯大林有关论述的更加直接的来源。而列宁的上述这些说法,其第一句与马克思《〈政治经济学批判〉导言》中的表述既有一致的一面,也有不尽一致的地方。因为马克思是在讲了"摆在面前的对象,首先是物质生产"之后才说"可是,政治经济学不是工艺学"的。而列宁则以其特有的明快的风格,将其说成了"政治经济学的对象决不像通常所说的那样是'物质的生产'(这是工艺学的对象),而是人们在生产中的社会关系。"至于后面两句话,则主要是从历史唯物论的角度来谈的。这从今天的角度看,既有总体上和根本上正确的一面,也有不尽严密或者不够十分严密的地方。

---

① 《马克思恩格斯文集》第10卷,人民出版社,2009年,第667—668页。
② 《列宁全集》第2卷,人民出版社,1984年,第171页。
③ 《列宁全集》第1卷,人民出版社,1984年,第107页。
④ 《列宁全集》第1卷,人民出版社,1984年,第109—110页。

而斯大林在理论上的特点之一，许兴亚认为就是过分爱下"定义"和断语。这既有他为普及马克思主义的基本原理而做出了历史性贡献的一面，也有形而上学的和容易导致人们思维僵化的一面。上述关于政治经济学的研究对象的说法，以及有关生产力、生产方式和生产关系的"定义"等，就同时具有这样的优点和缺点。许兴亚强调，对于当前马克思主义政治经济学研究对象问题的研究和讨论来说，仍要继续努力克服这种具有形而上学的缺点。

2. 对马克思主义经济学和西方经济学关于"政治经济学或经济学"研究对象观点的比较

许兴亚还强调：西方经济学在关于"政治经济学或经济学"的研究对象问题上，尽管提供了一大套五花八门的说法，但在实际上或者说在客观上，也同样逃脱不出马克思主义的"如来佛"的手掌。因为无论西方经济学家是怎样标榜的，但在实际上他们也都是一直在从事着对于历史上的一个十分特殊的社会——资本主义或资产阶级社会的经济关系的研究，他们实际上也是在以他们自己特有的资产阶级眼界和视野，一直都在刻意观察、研究和描述着这一特定社会亦即资产阶级和资本主义社会的"生产方式以及和它相适应的生产关系和交换关系"。这一点，从全部西方经济学的各种著作中都可以得到相关的证据和证明。例如，在萨谬尔森及其与他人合编的《经济学》的各种版本中，关于任何人类社会"都必须面对和解决的三个基本的经济问题"即"生产什么、如何生产和为谁生产"的说法，就是这方面的明证。因为在马克思主义看来，所谓"生产方式"，本来就是

"生产什么、用什么生产和如何生产"的问题。正如马克思恩格斯在《德意志意识形态》中所说的:"个人怎样表现自己的生命,他们自己就怎样。因此,他们是什么样的,这同他们的生产是一致的——既和他们生产什么一致,又和他们怎样生产一致。因而,个人是什么样的,这取决于他们进行生产的物质条件。"[①]而在《资本论》第一卷第5章中,马克思又进一步强调了物质生产条件的意义,指出"各种经济时代的区别,不在于生产什么,而在于怎样生产,用什么劳动资料生产",[②]如此等等。可见,就马克思"生产方式"的概念和萨氏《经济学》所谓"三个基本经济问题"比较来看,不仅两者所涉及的内容惊人的接近,而且就连所使用的语言等也有着惊人的接近!不同之处在于:

第一,这个"生产什么"和"怎样生产"的提法的"发明权"和"首先使用权",属于马克思主义经济学而不是西方经济学。马克思恩格斯的《德意志意识形态》比萨缪尔森的《经济学》第1版早了整整100年。

第二,马克思在谈到所有这些问题和范畴的时候,到处都把它们提到一定的历史范围内来认识,到处都在强调它们的历史性必然性和历史暂时性,强调它们向着新的生产方式过渡的历史趋势、原因和条件。而西方经济学所强调的则是永恒的所谓"两大核心思想",即所谓的"稀缺"和"效率"。而"市场经济"则是达到对于这些永远都是"稀缺"的"资源"的"有效配置"的

[①] 《马克思恩格斯文集》第1卷,人民出版社,2009年,第520页。
[②] 《马克思恩格斯文集》第5卷,人民出版社,2009年,第210页。

最好的"制度"或"体制"。西方经济学所说的"市场经济",其实不过是萨缪尔森在其《经济学》第12版中所说的"资本主义的自由企业经济或市场经济",亦即"'私有企业制度'或'竞争的私有财产资本主义'";亦即在该书的第16版中所说的那种"主要由个人和私人企业决定生产和消费的经济制度"。而且他们所更加重视的,"不是生产,即经济"而是"交易方式",如此而已。

第三,马克思的说法中没有所谓"为谁生产"的问题。因为它已经包含在"生产什么"和"怎样生产"当中了。马克思反对把分配问题当作与生产方式和生产关系不同的另外一个独立的范畴来看待。认为"要资本主义的生产方式和生产关系而不要资本主义的分配方式和分配关系",这是自欺欺人的。

至于资产阶级经济学家所说"市场经济"条件下的"稀缺资源的有效配置"等,则完全是一种自欺欺人的神话和瞎话。因为,第一,当代资产阶级经济学所说的"资源"并非都是现实的生产要素。例如,他们无论如何也必须面对的价值、货币和"金融资产"等就是如此。在一种连什么是货币、什么是资本都分不清的"经济学"中和社会中,说什么对于"稀缺资源的有效配置",岂不是欺人之谈?第二,资产阶级经济学所说的"稀缺"也是一种形而上学的说法。例如,资本主义社会中经常存在的失业和生产过剩,以及凯恩斯主义的出现,所说明的就正是相反的东西。第三,资产阶级经济学所说的"效率",也并非实际的"生产效率"和"经济效率",而是一种与任何经济体制都并没有必然的直接联系的、类似于"$1+3=4$、$2+2$ 也 $=4$"那样的再简单不过的数学游戏,如此等等。可见,马克思主义经济学与资产阶级经济学之所以存在巨大的区别,并不在于它们的实际研究对象的不同,而在于它们各自是如何看待这些研究对象的。

(四) 对教科书广义的马克思主义政治经济学理论体系的"起点"的探讨

在我国马克思主义经济学界关于《政治经济学》教科书的编写中,迄今为止人们在"起点"问题上先后提出了不少带有创新性的见解。特别是政治经济学的社会主义部分的教材编写者,例如,毛泽东在带领中央和省级领导同志共同学习苏联政治经济学教科书的过程中,曾经多次阐发了政治经济学的社会主义部分可以社会主义的"所有制"为起点。在20世纪80年代的讨论中,亦曾有学者提出过以"劳动"为起点、以"商品"为起点、以"产品"为起点、以"生产"为起点、以"需要"为起点、以"消费"为起点等,不一而足。此后,有的学者提出要以"所有制、产权和企业"为起点,也有更多的同志主张以"商品经济"(或"商品和货币")或"市场经济"为起点等。而所有这些做法的目标之一,则是试图"打通"传统的马克思主义政治经济学教科书中的资本主义部分和社会主义部分的界限。

许兴亚认为,这种考虑是事出有因的。其中比较能够站得住脚的理由之一,是原有马克思主义政治经济学教科书中的"社会主义部分"在讲到社会主义社会的几乎所有范畴、规律和原理(特别是诸如商品、货币、价值、资本、生产、流通、分配、市场、财政和金融等)时,往往都不得不先重复一下在资本主义部分已经讲授过的一些内容,然后进行一些机械的对比。其结果使教师和学生在教与学的两个方面,都显得十分机械和乏味。而在我国社会主义社会的初级阶段和实行社会主义市场经济体制的情况下,则又往往会脱离实际,从而削弱甚至失去了应有的说服力。

1. "商品和货币"或者"商品经济或市场经济"不是全部马克思主义政治经济学理论体系的起点

许兴亚认为,把"商品和货币"或者"商品经济或市场经济"作为全部马克思主义政治经济学理论体系的起点,也是不妥的。其理由如下:

第一,商品和货币不是广义马克思主义经济学的理论体系的起点,而仅仅是狭义的马克思主义经济学即其资本主义部分的起点。就是说,马克思仅仅是在他对于"现代社会"亦即"现代资产阶级社会"的分析中,才把它作为"多少属于不同的社会形态"的东西,或者"一般抽象的规定"纳入"绪论性的章节"中。但是按照恩格斯在《反杜林论》中的说法,政治经济学有广义和狭义之分。如果从广义马克思主义政治经济学的角度看,"商品经济"和"市场经济"显然并不属于或者并不完全属于"生产一般"的范畴,而仅仅是"多少属于不同的社会形态"的、也就是仅仅属于"某些社会形态所共有的"东西。因此,作为一个既包含政治经济学的资本主义部分、又包括它的社会主义部分的、带有广义马克思主义政治经济学性质的"马克思主义经济学"的理论体系,把"商品和货币"或者"商品经济"或"市场经济"作为它的逻辑上的起点,是不恰当的。

第二,商品和货币也不是马克思主义政治经济学"社会主义部分"的起点。因为我们今天所说的这个"社会主义社会",无论在历史上还是在逻辑上,都是从"资本主义经济"中脱胎而来的。在中国,则是从半殖民地半封建社会这个特殊的资本主义阶段而建立起来的。而在帝国主义时代,殖民地和半殖民地本身就是世界资本主义的一个组成部分,从而已经具有了资本主义的经济规定。"商品和货币"既然已经是"资本主义部分"的起点,它就不可能成为"社会主义部分"的起点。

第三,从马克思主义经济学的方法上来看,"商品经济或市场经济"也不是全部马克思主义政治经济学理论体系的起点。正如马克思在《〈政治经济学批判〉导言》中所说:"摆在面前的对象,首先是物质生产。"因此,"在社会中进行生产的个人——因而,这些个人的一定社会性质的生产,当然是出发点。"[1]而人们在"商品经济"或"市场经济"(亦即马克思所批判的"货币经济"和"信用经济")这两个范畴上所强调的、并且作为特征提出的,"不是经济,即生产过程本身,而是不同生产当事人或生产者之间的同经济相适应的交易方式"[2]。即使对于社会主义市场经济来说,也是如此。

2."所有制、产权和企业"也不宜作为马克思主义政治经济学理论体系的起点

至于把"所有制、产权和企业"作为马克思主义政治经济学

---

[1] 《马克思恩格斯文集》第8卷,人民出版社,2009年,第5页。
[2] 《马克思恩格斯文集》第6卷,人民出版社,2009年,第132页。

理论体系的起点,许兴亚认为,这也是值得商榷的。因为现在被我国《政治经济学》教科书称作"所有制"的那个"生产资料所有制"已经不是马克思本来所说的那个"财产"(德文 Eigentum)关系,而是被当作了一种通过"政治的"和"法律的"手段而建立起来的一种"制度"。而"制度"属于"上层建筑",不属于"经济基础"。"产权"(德文 Eigentumsrecht,英文 propertyrights)则就更加属于一种"权利",而不属于"经济基础"了。马克思所说的"财产"本来是指一定的现实的经济关系或一定社会的"生产关系的总和"。在不同的社会历史时代,它是在各不相同的条件下运动的。正如马克思所说的:

政治经济学"这种批判性分析对财产关系的总和,不是从它们的法律表现上即作为意志关系来把握,而是从它们的现实形态上即作为生产关系来把握。"[1]"在每个历史时代中的所有权是以各种不同的方式、在完全不同的社会关系下面发展起来的。因此,给资产阶级的所有权下定义不外是把资产阶级生产的全部社会关系描述一番。""要想把所有权作为一种独立的关系、一种特殊的范畴、一种抽象的和永恒的观念来下定义,这只能是形而上学或法学的幻想。"[2]

只是由于"财产"这个词在我国有时又被译作了"所有制"和"所有权",所以才被人们误认为是一个"制度"(德文和英文 Institution)或"权力"(德文 Macht)或权利(德文 Recht,英文

---

[1] 《马克思恩格斯文集》第3卷,人民出版社,2009年,第18页。
[2] 《马克思恩格斯文集》第1卷,人民出版社,2009年,第638页。

right)方面的范畴。

所以,尽管苏联政治经济学教科书的体系曾经把生产资料所有制当作其"社会主义部分"的起点,但这里所说的都只是政治经济学的"社会主义部分",并不意味着对于整个马克思主义政治经济学的理论体系来说也一定是正确的。

而作为这个带有广义马克思主义政治经济学性质的新编《马克思主义经济学原理》,它的起点,许兴亚认为,必须回到马克思所说的那个一般意义上的"物质生产"或"生产一般"上来。而在这个撇开了生产的各种特殊社会形式的"生产过程"中,当然也就包含了一般意义上"劳动过程"。只不过,"劳动过程"和"劳动"二者在概念上和事实上也还仍然是有一定区别的。

(五)提出马克思主义经济学教科书理论体系的一个"五篇结构"的设想

迄今为止,我国马克思主义政治经济学的教科书,除了序言部分外,大都沿用了"资本主义部分"和"社会主义部分"这样一种"两分法"的结构体系。近年来,有部分学者试图在"商品经济"或"市场经济"的框架下把这两部分"打通",并且把当代西方主流经济学的所谓"现代市场经济"理论吸收进来,作为对马克思主义政治经济学的发展或创新。但这样做的结果,一是势必在一定程度上混淆社会主义经济和资本主义经济的区别;二是不符合马克思主义经济学的基本方法,亦即历史唯物论和唯物辩证法。针对这一问题,许兴亚提出了一个"五篇结构"的设想。其要旨在于以下几个方面。

1. 马克思主义政治经济学的理论体系应当包括它的"生产一般"篇

之所以提出这个问题,主要是出于以下考虑:

第一,作为在任何社会状态下都必须存在的那些"共同的"或"一般抽象的规定",是客观存在的。正如马克思所说的:"生产的一切时代有某些共同标志,共同规定。生产一般是一个抽象,但是只要它真正把共同点提出来,定下来,免得我们重复,它就是一个合理的抽象。不过,这个一般,或者说,经过比较而抽出来的共同点,本身就是有许多组成部分的、分为不同规定的东西。其中有些属于一切时代,另一些是几个时代共有的。有些规定是最新时代和最古时代共有的。没有它们,任何生产都无从设想。""对生产一般适用的种种规定所以要抽出来,也正是为了不致因为有了统一(主体是人,客体是自然,这总是一样的,这里已经出现了统一)而忘记本质差别。"①

第二,这也是当前坚决抵制资产阶级经济学在我国经济学领域内泛滥、坚守马克思主义意识形态领导权的需要。马克思之所以尖锐批判资产阶级经济学家们那些"时髦的做法"即"在经济学的开头摆上一个总论部分——就是标题为《生产》的那部分……用来论述一切生产的一般条件",其原因仅在于:"这一切并不是经济学家在这个总论部分所真正要说的。相反,他们所要说的是,生产不同于分配……应当被描写成局限在与历史无关的永恒自然规律之内的事情,于是资产阶级关系就被乘

---

① 《马克思恩格斯文集》第8卷,人民出版社,2009年,第9页。

机当作社会一般的颠扑不破的自然规律偷偷地塞了进来。这是整套手法的多少有意识的目的。"或者说,"那些证明现存社会关系永存与和谐的现代经济学家的全部智慧,就在于忘记这种差别。"①而对于"生产一般"这个领域内的理论阵地,也像在经济学的其他各个领域内一样,马克思主义经济学不去占领(也就是系统、完整而且准确地加以科学的归纳和阐述),资产阶级经济学必然要去占领。听任资产阶级经济学家占领的结果,就仍然是听任他们偷偷地贩运资产阶级经济关系,并且听任他们用这一套资产阶级的意识形态去腐蚀和毒害我们的干部、青年和人民。

第三,这也是新时代进一步扩大改革开放和进行社会主义现代化强国建设的需要。由于社会主义社会的根本任务是解放和发展生产力,并且社会主义社会更多地需要强调整个社会关系以及人与自然之间的关系的协调与和谐发展的一面,所以这方面的理论和原理,对于我国的马克思主义政治经济学来说,就显得更加重要。

第四,这也是马克思主义经济学理论体系建设自身的需要。事实上,在政治经济学教科书中,这个相当于马克思所说的"生产一般"的理论部分,以"序言"或"导言"的形式,也都是存在的。此外,在宋涛教授主编的教科书中,还曾有一个"资本主义以前的经济形态";许涤新同志生前也一直向往编写和出版完成他的《广义政治经济学》。然而就多数政治经济学教科书来

---

① 《马克思恩格斯文集》第8卷,人民出版社,2009年,第9—11页。

说,这一部分的缺点主要在于以下两个方面。

一是所容纳或包含的内容太少,不足以适应时代和形势发展的需要;二是在对一般原理的阐述上,过多地保留了长期以来受到斯大林一系列带有浓厚教条主义色彩的甚至是某些错误提法的影响。因此,即使从正本清源和拨乱反正的角度看,这方面的任务也仍可谓任重而道远。新编的马克思主义经济学原理的理论体系,应当不仅要继续涵盖原有政治经济学教科书中本来已有的许多原理,例如生产、劳动、劳动过程的简单要素、生产资料和生产条件、生产力、生产方式和生产关系、生产与分配、与交换及与消费的关系;经济基础和上层建筑、经济规律及其客观性、政治经济学的对象和方法、政治经济学的阶级性和科学性等内容,而且应当进一步大大地扩充,使之不仅包括上述这些内容,还应把诸如生产劳动和产品、中间产品和半成品、协作、分工、劳动的社会组织、工艺学意义上的生产方式、部门和产业、产业革命和科技革命、经济增长和经济发展、经济分析中的"人",以及"财产"(即所有制)和"产权"、"制度"等方面的内容,也都尽量纳入进来,全面地给予马克思主义的解释,以尽快夺回马克思主义经济学在所有这一系列问题上的发言权。

2. 对马克思主义政治经济学教科书独立设置商品经济或市场经济篇的论证

按照马克思的思想,"商品和货币"以及与之相关的其他有关商品经济和市场经济的范畴,并不是永恒的,而是"多少属于不同的社会形态"、"多少带有"一些"生产一般"性质的东西。只因为对于资本主义生产方式来说,商品生产或市场经济成了它的历史前提和第一个方面的特征(参见《资本论》第3卷第48章),所以马克思才把对它的分析放在他的"六册经济学著作"和《资本论》的开头,把它作为"绪论性的章节"。在许兴亚提出的"五篇结构"的教材理论体系中,由于前面已经有了一个不至于被商品经济或市场经济鱼目混珠的真正的"生产一般篇",也就不必顾虑它被用它来偷换真正的"生产一般"的内容了。此外,独立设置这一篇,还有以下几个方面的理由:

第一,商品经济或市场经济虽然并不是一切社会所共有的,但它确实也并不只是专属于某一特定的社会形态(如资本主义社会)的生产形式或经济形式,而是"多少属于生产一般"的亦即"属于几个不同的社会形态"的东西。作为一个带有广义马克思主义政治经济学性质的理论体系,如果仍然简单地照搬马克思《资本论》中的做法,仅仅把它作为政治经济学资本主义部分的一篇或一章,显然就不再是合理的了。

第二,从我国社会主义初级阶段和社会主义市场经济发展的实际需要来说,单独设置这一篇也是急需的。而且,深入阐述马克思主义经济学这方面的有关原理,深入开展这方面的研究,不仅是我国社会主义市场经济建设和发展的需要,也是用马克思主义的市场经济理论来抵御资产阶级市场经济理论的需要。

第三,由于马克思《资本论》等著作的有关论述主要是服从于对资本主义经济分析的需要,因此单独设置的这一理论部分,本身也就需要进一步从专门的角度重新加以研究和整理。也正是在这种进一步的整理和发掘中,我们才能够更好地加进一些新的材料和方法,才能够更好地有分析、有鉴别地吸收和借鉴现代西方经济学中的一些有用的东西。只有在此基础上,才有可能建立起内容更加丰富的马克思主义的市场经济学。

需要注意的是:第一,即使在这一部分中,对于西方经济学的有关理论的借鉴,也必须经过仔细地鉴别,尤其是要努力克服和清除资产阶级经济学家把"资本主义市场经济"混同于"商品经济一般"或"市场经济一般"的做法。

第二,要再次强调,不赞成单独把"商品经济"或"市场经济"作为政治经济学教科书的逻辑起点,或者把它作为单独的一部分来取代"生产一般"。而是应当把它放在"生产一般"理论之后,作为次一级抽象程度的、"多少属于几个不同的社会形态"的层次上,不能把它说成属于纯粹"生产一般"的东西。此外,要努力划清一般意义上的"市场经济"与"资本主义市场经济"的界限,杜绝把属于"资本主义市场经济"的一些"特殊规定"说成"市场经济一般"。

3. 马克思主义政治经济学教科书的第三篇,即马克思主义经济学关于资本主义经济的一般原理

许兴亚认为,这一部分可以参照马克思的"六册计划"的结构,加上当代资本主义的有关内容,改变过去单纯用《资本论》代替马克思关于资本主义部分的论述的做法。具体可包括以下内容:

(1) 资本一般

由于在上面的"生产一般"篇中已经有了关于商品经济或货币经济的有关内容,所以这一部分就可以直接从"资本一般"和"资本的一般公式"讲起。可以基本遵照《资本论》第1~3卷

的次序,尽可能简化地逐一阐明"资本主义生产方式以及和它相适应的生产关系和交换关系"的基本特征,亦即马克思所说的"现代社会的三大阶级的生活条件"。至于现行《资本论》特别是其第3卷中已经涉及的,但是按照"六册计划"原本应当放在"竞争""信用"和"股份资本"篇,以及原本应当放在"地产""雇佣劳动""国家""对外贸易"和"世界市场和危机"册中的部分内容,在此处则可以大大地简化。精简掉的某些内容,可以把它们重新移到相应的部分。

(2) 资本的竞争和垄断

这里应当系统地阐明马克思经济学关于一般商品生产条件下的竞争和资本主义条件下的竞争的原理,包括竞争和垄断的辩证关系、资本主义的竞争和社会主义竞争及竞赛的联系和区别、部门内部的资本之间的竞争、不同部门资本之间的竞争、价值向市场价值和市场生产价格的转化、垄断条件下的供求、竞争和价格等。其中尤其要突出讲清"市场价值规律"与"价值规律"的区别,以及由于不同资本的竞争而引起的"一般利润率趋向下降的规律",以及在资本主义生产基础上的由于竞争和市场价值规律的作用所决定的超额利润及虚假的社会价值的产生等。

(3) 信用和虚拟资本

包括资本主义信用的产生和形式,商业信用、银行信用和国家信用,资本主义的信用体系(即信用制度)和货币体系,现实资本和生息资本或"生息资本意义上的货币资本",信用条件下的流通手段和信用条件下的商品价格,货币市场和资本市场,虚拟资本的量的变动的规律,利息和利息率,利息率的变动,以及信用的二重性质和二重作用,特别是其在从资本主义向新的社会生产方式过渡中的作用等。

(4) 股份公司和股份资本

包括马克思主义的企业理论、股份公司和股份资本产生的必然性和发展趋势、股份公司的二重性质、劳动者的合作组织及其意义、马克思主义的现代企业制度理论等。

(5) 资本主义的地产和地租

这部分的难点在于:一要考虑到本篇与《资本论》第3卷第6篇以及"六册计划"中的第三册《地产》的关系,仔细地辨析现行《资本论》"地租"篇中的内容,哪些可以经过简化而保留在"资本一般"部分中,哪些应当作为专门的"地产"和"地租"理论来研究。二要妥善处理好从资本向地租的转化。按照马克思的说法,资本主义的地产是劳动过程从属于资本以后而产生的"第一个范畴"。因此,许兴亚认为,这一部分最好应先从资本主义"地租"转化为"地产"或土地价格谈起,首先讲清资本主义的"地产"(即一般作者和读者所谓"土地所有制"或"土地所有权")如何从资本的完成形态——生息资本和生息资本意义上的货币资本,以及"虚拟资本"中引导出来,也就是,土地如何被看作了一笔想象的或者虚拟的"资本",然后才能展开进一步的论述。三是关于这一部分的结构。实际上,在《资本论》中,"地租"本身只是被看作"资本"投入农业部门以后所产生的一些特殊现象,因而本来是从属于"资本一般"的理论的。而对于一个与"资本"理论相平行的"地产"理论来说,肯定也应有自身的从一般到特殊再到个别的逻辑上的展开过程。因此,他个人倾向于这一部分在叙述次序上必须打破现行《资本论》第3卷第6篇中从级差地租到绝对地租的那个次序,而改为从"地租一般"即"绝对地租"开始,然后分别论述级差地租或由超额利润转成的地租,矿山和建筑地段地租,建筑业和房地产业及其资本和利润,地产业与经济和信用的关系,地租率和地租量的规律,地产和地租的各种历史形式等。

(6)雇佣劳动和工资

与《资本论》中的有关理论有所不同的是,应当增加一些有关"雇佣劳动和工资"的起源及各种不同的历史形式的阐述。

(7)资本主义的国家和国民经济

按照马克思的提法,这就是资产阶级经济关系在"国家形式上的概括"。许兴亚教授认为,这也就是相当于马克思主义经济学资本主义部分的"宏观经济学"部分。

(8)资本主义国家的对外贸易

即马克思主义的对外贸易理论。鉴于当今我国高校的《国际经济学》和《国际贸易》教科书目前基本上都是以西方经济学的理论为基础,写好这一部分尤为重要。

(9)资本主义的世界市场和危机

4.马克思主义经济学教科书的第四篇

关于当代资本主义经济或当代世界经济的理论,及马克思主义关于从资本主义向社会主义、共产主义过渡的理论

许兴亚认为这一部分大体可以包括以下几个方面的内容:一是20世纪以来的当代世界资本主义经济发展(包括世界市场

和危机)的一系列新特点,以及当代世界经济的格局和趋势等,这也就是相当于马克思主义经济学的现代世界经济的有关原理;二是资本主义经济在全世界范围内向新的更高级的社会形态(社会主义经济形态)的过渡,这个过渡的历程、形式、特点和趋势等;三是马克思恩格斯关于未来社会生产方式和经济关系的有关论述。需要强调的是:

(1)这一部分之所以必须加强,是因为在过去的政治经济学教科书的体系中,资本主义部分主要是按照《资本论》的理论体系去论述的。但这其实还仅相当于马克思主义政治经济学资本主义部分的国内部分。而且资本主义经济也绝不是仅仅到了垄断资本主义时代才变成世界性的。因此有必要增加这样一个独立的部分。

(2)"马克思主义经典作家关于未来社会经济关系的论述"这一问题必须放在这里来讲,而不应放到社会主义部分中去论述,这是因为:

第一,马克思恩格斯关于未来社会的论述,所依据的主要是到他们那时的人类社会的实践,特别是资本主义经济的实践。他们是根据资本主义社会中已经显露出来的那些现象、事实和趋势来提出他们对于未来社会中一些经济关系的见解的。"旧社会孕育着新社会的因素。"因此,他们的这些见解的根据是资本主义的经济和实际,而不是社会主义社会的经济和实际。缺少了这一块,对于资本主义经济运动的分析就是不完整的和未完成的。何况,许多资产阶级经济学家例如约翰·穆勒、杰文斯、瓦尔拉斯、马歇尔,以及后来的萨缪尔森、罗宾逊夫人、熊彼特,还有新制度学派的一些经济学家,在他们实质上是对于资本主义经济的"分析"中,同样也都包含有他们对于"社会主义"的见解。

第二,马克思主义经济学的认识论,是辩证唯物主义的认识论。因此,马克思恩格斯关于未来社会经济特征的认识,也是建立在历史事实的基础上的。否则,就变得好像成了马克思恩格斯纯粹"先验"的一些"假定"和"设想"。因此,检验他们这些理论的正确与否的"实践标准",首先在于看他们的理论是否符合资本主义社会中已经显露出来的那些事实,而不在于是否符合后人的实践,更不在于后人在实践上的是非功过与得失。而国内外对于科学社会主义原理的一切"左"的和右的主观主义、教条主义的见解,都是错误地把这看作是马克思恩格斯的一些先验的"假定"和"设想"。特别是那些反对马克思主义经济学、反对社会主义的人们,正是试图按着这样的思维方式,去对马克思主义和社会主义进行所谓的"证伪"的。

而如果把它们放到社会主义部分的开头,则正好会给人以这种"假定"和"设想"的错觉。20 世纪社会主义实践中的一些"左"的教条主义的根源,也是与此有关的。而那些以"科学"的名义来反对社会主义的人的口实,往往也在这里。

5. 第五篇:中国特色社会主义的经济

在这一部分的写法上,与苏联政治经济学教科书以及迄今为止我国多数政治经济学教科书的最大的不同在于:建议这一部分切切实实地做到"主要按照历史的方法"来编写。实际上,这本来也是斯大林和苏联政治经济学教科书编写者为该书的编写所确立的原则之一。问题在于：由于苏联是人类历史上的第一个社会主义国家，对各国共产党和全世界人民来说也确实存在着一个通过这个教科书不仅要了解苏联，而且也要了解"什么是社会主义"的问题，其结果导致了在实际的编写过程中，出现了急于把苏联的一些局部的经验和做法上升到"马克思主义的普遍原理"和"不能动摇的基本原则"的高度来认识的倾向。而在实际上，无论是第一个社会主义国家早期社会主义革命和建设的经验，还是其他各国共产党人现在正在进行的一系列探索，在人类社会主义经济的历史长河中，都带有有限的、局部经验的性质。尤其是社会主义各国的社会主义社会，无论在当时还是现在，都还处在它的初级阶段，还很不成熟、很不合格。因此，还不可能写出一本像《资本论》（更不要说"六册经济学著作"）之于"资本主义社会"那样的"社会主义社会的政治经济学"来。更不可能也不应该立即就把我们某些局部的经验和做法上升到"普遍原理"或"原则"的高度。否则，就有可能重犯斯大林和苏联政治经济学教科书把局部的经验和做法过早地上升为"一般原理"的教条主义的毛病。也正因为如此，许兴亚认为，如何对新中国成立以来包括改革开放以来的理论和实践加以总结，在理论上上升到什么样的高度，也是一个需要慎重对待的问题。必须看到，社会主义经济的实践和理论总是在不断发展的，实践、认识、再实践、再认识，循环反复，以至无穷，这是人类认识发展的总规律。任何一代人甚至几代人的实践，都不可避免地带有历史和时代的局限性。我们超越前人，后人也必然会超越我们。即使对于我们在实践中已经取得了成功的一些正确的做法和经验,在理论上也应当尽量慎言说成是对于马克思主义基本原理的"突破"。而斯大林和苏联政治经济学教科书的弊端之一,就是过急地把苏联自身的一些局部经验上升为"马克思主义的基本原理",从而形成了一些僵化的教条和对于马克思主义的错误附加。前事不忘,后事之师。我们决不应重复斯大林和苏联政治经济学教科书那样的错误,不应当给后人留下一个可能在未来成为新的被批评的靶子的"范式"。

二、对当前本科经济学类主干课程体系改革的思考

(一) 本科经济学类主干课程体系存在的突出问题

许兴亚指出,当前我国高校经济学类本科专业的发展取得了巨大的成绩,为人才培养和经济建设做出了重大的贡献,但也存在一定的问题。反映在课程体系和教学内容上,突出表现在:

第一,课程的设置过多过滥和不统一。不仅经济学的"学科、类"缺乏统一规范的主干课程体系,而且不同高校的经济学类的同一专业,在课程设置上也多有各自为政、各取所需的现象。有时甚至同一院校的经济学类专业,因分设在不同的院系,所开设的课程、所制定的教学计划和所选用的教材竟然也大相径庭。

第二,在课程内容和教材编写及选用方面,同样存在过多、过滥和过乱的现象。有时,把本来属于同一门课程的不同"篇"或者"章"拉出来,稍加扩充和拼凑,就作为一门新的"课",并且

很快编出新"教材",甚至动辄还往往以"××学"冠称。

第三,马克思主义经济学在经济学类课程教学中的指导地位受到不同程度的冲击和削弱,甚至出现了西方经济学(实际是资产阶级经济学)一家独尊的局面,对青年学生的知识结构和意识形态,造成了极为不良的影响。

上述种种现象,显然违反了教育和经济科学本身的规律。如不加以规范和改革,长此以往,势必影响我国高等教育经济类人才培养的质量。这也要求我们必须从实际出发,对高校经济学类主干课程的建设引起足够的重视。

(二)本科经济学类主干课程体系改革的方向

1. 主干课程应具有基础性、应用性、专业性和科学性

许兴亚认为:第一,"基础性",就是在经济学类的主干课程中必须包括若干基本的"理论性"的和"基础性"的课程。例如,教育部高等学校经济学科教学指导委员会所确定的8门"核心课程",就体现了这样的特点。其中的"政治经济学""西方经济学"和"国际经济学"就是3门主要的理论性课程,是经济学类各专业都必须开设的。而"财政学""货币银行学""会计学""统计学""计量经济学"则是兼有理论性和应用性的共同的基础性课程。许兴亚认为此外还应包括"经济数学"和各专业的相应的"史"的方面的课程。

第二,"应用性",就是指经济学类各专业所开设的主干课程,都必须突出其能够"学以致用"的特点。这不仅体现在一般

说来经济学类各专业的课程设置中"应用性"的课程必须占有较大的比例,而且即使所谓"理论性"的课程本身的内容也要体现这样的精神。不应当把"经济学"的课程变成一种象牙塔里面的"精致"的摆设,或者形而上学的、孤芳自赏的"智力游戏"和"数学游戏"。这是由经济学科这门科学的性质决定的。

第三,"专业性",就是经济学类各专业主干课程的设置还必须体现各专业的特点。其中就"学科、类的主干课"(包括各专业共同的"基础课"和"专业基础课")与"专业主干课"的关系而言,许兴亚认为,在每个专业的全部主干课程结构中,前者在比重上一般不宜超过1/2。过多了就难以体现各专业在人才培养目标上的不同要求和特点。过少了则难以体现各专业共同的"厚基础、宽口径"的要求。此外,这种"专业性"也还体现在课程本身的性质和内容上。例如,同样是属于"史"的方面的课程,在"经济学"专业中可以是"经济史",在"国际经济与贸易"专业中可以是"国际贸易史",在"财政学"专业中应当是"财政史"或"财税史",在"金融学"专业中则应是"金融史"等。

第四,"科学性",就是必须符合教育的规律、学科的规律和各专业自身的规律及实际。不能任意设置,也不能过多过滥。

2. 关于"专业主干课程"的确定

许兴亚认为,教育部高教司所规定的"经济学类"各专业的"主要课程",较好地体现了本学科所属的各个专业的性质、特点和要求。但在此前提下,也应按照各专业自身的特点加以适当的调整和补充。

第三章　学术贡献

许兴亚从20世纪70年代末开始从事《资本论》与社会主义经济理论研究,勤于笔耕,著述丰硕。他研究的特点是:从马克思主义经典著作的文本出发,通过考证、校勘、复原,厘清文本的原有真意、精神意蕴与时代内涵,澄清对它的种种偏见和误解,深化对马克思主义经济学基本原理的认识,积极参与构建中国特色社会主义政治经济学理论体系,由此被认为是我国经典的马克思主义文本学派的领军人物。① 在国内经济学界学风浮躁、马克思主义文本研究严重不足的大环境下,许兴亚教授的研究尤为可贵和值得重视。

第一节　对《资本论》创作史的回顾与某些澄清

一、《资本论》创作史的回顾

许兴亚认为,马克思政治经济学和《资本论》的创作史,大体经历了以下几个主要阶段:

---

① 薛宇峰.当代中国马克思主义经济学的流派[J].经济纵横,2009,(01):31-40.

第三章　学术贡献

（一）19世纪40年代初至1844年

这一时期可以称作马克思政治经济学和《资本论》创作的前史,也是马克思恩格斯实现从唯心主义世界观向辩证唯物主义和历史唯物主义世界观、从激进的革命民主主义者向共产主义者转变的时期。马克思所学的专业本来是法律,但他只是把它排在哲学之后当作辅助学科来研究。1842—1843年在他担任《莱茵报》主编期间,第一次遇到要对所谓物质利益发表意见的难事。莱茵省议会关于林木盗窃和地产分析的讨论、当时的莱茵省总督冯·沙培尔就摩塞尔农民状况同《莱茵报》展开的官方论战,以及关于自由贸易和保护关税的辩论,是促使马克思去研究经济问题的最初动因。这些讨论和辩论促使马克思把研究的重点放到了经济领域。为了解决令自己苦恼的问题,马克思写的第一部著作是《黑格尔法哲学批判》。该书的序言曾发表在1844年在巴黎出版的《德法年鉴》上。在这里,马克思第一次表明了自己已形成的辩证唯物主义和历史唯物主义的世界观。

与此同时,恩格斯也"从另一条道路"得出了与马克思相同的结论,他这一时期的主要著作是发表在《德法年鉴》上的《国民经济学批判大纲》和在1844年9月—1845年3月所写的《英国工人阶级状况》。

（二）19世纪40年代中后期(1843年底—1849年)

这是马克思转向对政治经济学的研究,并且与恩格斯一起创立马克思主义学说的时期。

这一时期他们留下的主要著作有：马克思的《1844年经济学哲学手稿》《巴黎笔记》《布鲁塞尔笔记》《曼彻斯特笔记》《哲学的贫困》《关于自由贸易的演说》《雇佣劳动与资本》；马克思恩格斯合作的《神圣家族》《德意志意识形态》《共产党宣言》等。这一时期，马克思计划写作的理论巨著为《政治经济学批判》。因此，这一时期也可以称为写作《政治经济学批判》的时期。但是由于种种原因，出版《政治经济学批判》这一巨著的计划未能实现。

（三）19世纪50年代（1850—1859年）

这是马克思对政治经济学进行第二次系统研究和写作《政治经济学批判》的时期。1848—1849年《新莱茵报》的出版和欧洲革命的风暴，打断了马克思的经济研究工作。1849年底马克思移居伦敦后，才重新进行这一工作。他全面深刻地研究了国民经济史和各国特别是英国的经济，研究了土地所有制的历史和地租理论、货币流通和价格的理论与历史、经济危机、技术史和工艺史以及农艺史和农业化学的问题，并且在1850—1853年三年的时间内，先后写下了24本被后人称作《伦敦笔记》的经济学笔记。至1857年，他已经做好了巨量的准备工作，并且开始着手对材料进行系统的整理和概括。从1857年8月至1858年6月，马克思写下了约50个印张的《1857—1858年经济学手稿》。在这部手稿中，马克思拟定了他的经济学著作——《政治经济学批判》的"六册计划"，并于1859年出版的该书第一册第

一分册序言中向世人首次公布了这个计划。这一计划的全貌大致如下:

第一册:资本;第二册:土地所有制;第三册:雇佣劳动;第四册:国家;第五册:对外贸易;第六册:世界市场。其中第一册包括四篇:资本一般;竞争;信用;股份资本。其中的第一篇又包括两个部分:(一)"绪论性的章节",包括"商品"和"货币"两章;(二)"资本一般",包括(1)"资本的生产过程";(2)"资本的流通过程";(3)"两者的统一,或资本和利润、利息"。而1859年出版的《政治经济学批判》仅是这一"六册计划"中第一册第一篇中的第一部分——"绪论性的章节"。

(四) 19世纪60年代及以后

这是马克思创作《资本论》的时期。《政治经济学批判》第一分册出版后,马克思在1861—1863年间以极大的热情继续写作第二分册。其结果是写成了一个包括23个笔记本的篇幅庞大的《1861—1863年经济学手稿》。显然,按照原来的计划作为一个分册来出版,无论在内容上还是在篇幅上已不可能。正是在这种情况下马克思提出:这个"第二部分"作为第一册的续篇,将以《资本论》为标题出版,而《政治经济学批判》这个名称只作为副标题。

马克思生前只出版了《资本论》的第一卷。该书的第二卷和第三卷是在马克思逝世以后,由恩格斯编辑出版的(1885—1894年)。该书的第四卷即《剩余价值理论》,在恩格斯逝世后先由考茨基以《剩余价值学说史》为名单独出版(1905—1910

年),后来由苏共中央马克思列宁主义研究院以《剩余价值理论》为题,作为《资本论》第四卷于1954—1961年出版。

二、对《资本论》和马克思主义经济学误解的某些澄清

许兴亚认为,回顾《资本论》的创作历史,有助于澄清对马克思《资本论》以及全部马克思主义经济学的某些不正确的认识。

(一) 对马克思的经济学仅仅等同于《资本论》误解的澄清

就对马克思经济学理论体系的理解来说,长期以来,很多人一直都把马克思的经济学仅仅等同于《资本论》,甚至仅仅等同于一般的"政治经济学原理"。许兴亚认为,事实上,按照马克思"六册"经济学著作的计划,马克思的经济学本应是一个包括"资本一般""竞争""信用""股份资本""土地所有制""雇佣劳动""国家""对外贸易""世界市场"在内的宏大的理论体系。尽管马克思生前未能完全实现这一计划,但却在《资本论》等著作(包括手稿和书信)中留下了大量宝贵的提示。他寄希望于后人,指出:"至于余下的问题……别人就容易在已经打好的基础上去探讨了。"[①]因此应该说,马克思的经济学体系,乃是一个比《资本论》本身更加完整、更加丰富、更加博大的理论体系。

---

① 《马克思恩格斯文集》第10卷,人民出版社2009年版,第196页。

不过这丝毫也不影响《资本论》本身的巨大意义。因为正如马克思所说的：这毕竟是他的全部经济学说的"精髓"。

（二）对与此有关的其他一些说法的澄清

更成问题的是与此有关的其他一些说法。例如，有人认为《资本论》只能解决资本主义经济的问题，不能解决社会主义经济的问题；只能解决革命问题，不能解决建设问题。有人认为，马克思主义经济学只研究生产关系而忽视了对"人"的研究，因此需要引入西方经济学关于"经济人"的假设。与此相反，也有人认为马克思主义经济学只研究人，不研究物；只有定性分析，没有定量分析；只有质的分析，没有关于经济运行和经济发展的量的分析。有些人甚至不加分析地把马克思以后的资产阶级经济学视为当今世界经济学发展的"正统"和"主流"；如此等等。这些错误思潮和说法，已经在我国经济界和经济理论界，特别是在青年学生中造成了极为不良的影响。这不仅涉及马克思主义经济学的理论体系，而且涉及《资本论》以及全部马克思主义经济学的对象。

许兴亚认为，那种认为马克思的《资本论》和政治经济学的研究对象只是生产关系及其运动规律的观点是不正确的。实际上，马克思在《资本论》第一卷序言中就说得非常明确："我要在本书研究的，是资本主义生产方式以及和它相适应的生产关系和交换关系。"[①]"本书的最终目的就是揭示现代社会的经济运

[①] 《马克思恩格斯文集》第5卷，人民出版社2009年版，第8页。

动规律。"①结合马克思《资本论》的内容,不难看出马克思在这里所说的"生产方式",是明显地包括生产的"技术条件"和"社会条件"两者在内的,其中当然也包括了劳动过程的劳动资料和方法。马克思在《资本论》中还曾指出:"动物遗骸的结构对于认识已经绝种的动物的机体有重要的意义,劳动资料的遗骸对于判断已经消亡的经济的社会形态也有同样重要的意义。各种经济时代的区别,不在于生产什么,而在于怎样生产,用什么劳动资料生产。劳动资料不仅是人类劳动力发展的测量器,而且是劳动借以进行的社会关系的指示器。"②此外,关于经济基础的概念,马克思在1875年出版的《资本论》第一卷中谈到他在1859年《政治经济学批判〈序言〉》中的提法时也曾指出:"在那本书中我曾经说过,一定的生产方式以及与它相适应的生产关系,简言之,'社会的经济结构,即有法律的和政治的上层建筑竖立其上并有一定的社会意识形态与之相适应的现实基础','物质生活的生产方式制约着整个社会生活、政治生活和精神生活的过程。'"③这与马克思恩格斯在《共产党宣言》中所表述的思想是完全一致的。可见,马克思恩格斯所说的"经济关系""经济结构"和"经济基础",以及政治经济学的对象,是明显地包括"生产方式"和"生产力"在内的。至于马克思在《资本论》中所说的"生产关系和交换关系",也不仅有第一级的、原生的生产

---

① 《马克思恩格斯文集》第5卷,人民出版社2009年版,第10页。
② 《马克思恩格斯文集》第5卷,人民出版社2009年版,第210页。
③ 《马克思恩格斯文集》第5卷,人民出版社2009年版,第100页。

关系,而且有第二级的和第三级的、派生的生产关系;不仅有国内的关系,而且还有"国际关系在这里的影响"等。① 总之,在马克思那里,作为政治经济学研究对象的生产方式以及与之相适应的生产关系和交换关系,是一个客观存在的具有多方面规定的丰富的总体,只是这个总体总是具有特殊的历史规定性。马克思恩格斯的这一思想,不仅贯穿在马克思"六册"经济学著作计划内,而且也贯穿于《资本论》当中。

从现实的社会主义经济的角度来看,也是如此。正如邓小平同志所说,"社会主义的本质,是解放生产力,发展生产力,消灭剥削,消除两极分化,最终达到共同富裕。"②"发展才是硬道理"。怎能设想社会主义的政治经济学不去研究社会主义的生产力和生产方式,不去研究包括上层建筑的某些环节在内的经济体制,不去研究社会主义经济的运行和发展,不把社会主义的经济运动视为一个生动丰富的总体呢? 因此,又怎么能够说马克思主义经济学只研究生产关系,不研究"人";或者说只研究"人",不研究"物";只有定性分析,没有定量分析;只有质的分析,没有经济运行和经济发展的量的分析呢?

上述种种说法之所以存在,除了其他原因外,最重要的就是对马克思主义经济学和《资本论》缺乏真正深入的学习、研究和了解。因此,即使仅仅为了维护经济科学的严肃性,也需要进一步加强对马克思主义经济学基本理论和基础知识的深入学习、研究和了解。

---

① 《马克思恩格斯文集》第 8 卷,人民出版社 2009 年版,第 33—34 页。
② 《邓小平文选》第 3 卷,人民出版社 1993 年版,第 373 页。

第二节 对马克思主义经济学的研究对象、基本范畴和理论体系的新阐释

作为"系统化的经济学说",中国特色社会主义政治经济学理应具有其特有的研究对象、基本范畴和理论体系。40余年来,许兴亚教授本着马克思主义的科学和创新精神,对马克思主义经济学的研究对象、基本范畴和理论体系进行探讨,并提出了新的阐释。

一、马克思主义经济学的研究对象

对于政治经济学的研究对象,恩格斯和斯大林曾经对此分别做过不同的表述。恩格斯说:"政治经济学,从最广的意义上说,是研究人类社会中支配物质生活资料的生产和交换的规律的科学。"①"政治经济学作为一门研究人类各种社会进行生产和交换并相应地进行产品分配的条件和形式的科学——这样广义的政治经济学尚待创造。"②斯大林说:"政治经济学的对象是人们的生产关系,即经济关系。这里包括:① 生产资料的所有制形式;② 由此产生的各种不同社会集团在生产中的地位以及他们的相互关系,或如马克思所说的'互相交换其活动';③ 完全以它们为转移的产品分配形式。"③长期以来,人们一直都把斯大林的定义和恩格斯的表述理解为一致的。许兴亚教授认

---

① 《马克思恩格斯文集》第9卷,人民出版社2009年版,第153页。
② 《马克思恩格斯文集》第9卷,人民出版社2009年版,第156页。
③ 《斯大林选集》(下),人民出版社,1979年版,第594页。

为,马克思主义政治经济学的研究对象,并不限于斯大林所说的"生产关系",而应是马克思所说的"一定的生产方式以及和它相适应的生产关系和交往关系",并进一步提出了自己的见解。他认为,在马克思恩格斯的著作中,生产力、生产方式和生产关系都是多级和多层次的范畴。

(一) 生产方式

早在 1845—1846 年马克思恩格斯在《德意志意识形态》中,就已经使用了"生产方式""生产力"和"生产关系"的概念。在这个著作中写道:"人们用以生产自己的生活资料的方式,首先取决于他们已有的和需要再生产的生活资料本身的特性。这种生产方式不应当只从它是个人肉体存在的再生产这方面加以考察。更确切地说,它是这些个人的一定的活动方式,是他们表现自己生命的一定方式、他们的一定的生活方式。个人怎样表现自己的生命,他们自己就是怎样。因此,他们是什么样的,这同他们的生产是一致的——既和他们生产什么一致,又和他们怎样生产一致。因而,个人是什么样的,这取决于他们进行生产的物质条件。"① 不难看出,马克思恩格斯从一开始就是把生产方式看成作为社会的个人一定的活动方式和生活方式提出来的。因此,其中也就包括了他们全部的经济生活、社会生活、政治生活和精神生活。一定社会形态中人们在物质(经济)、社会、政治、精神等各个方面生产方式和生活方式的总和,就构成该社会

---

① 《马克思恩格斯文集》第 1 卷,人民出版社,2009 年版,第 519—520 页。

最广义的生产方式,也就是我们通常所说的社会形态。可见,在马克思恩格斯那里,对于生产和生产方式,一开始就是把它放在与人类社会生产和生活的各个方面的联系中,作为经济与社会的一个总体来考察的。

但是,政治经济学所研究的生产方式,毕竟首先又是作为"人们用以生产自己必需的生活资料的方式"而存在的。用斯大林的话来说,就是"人们生存所必需的生活资料的谋得方式,就是社会生存和发展所必需的食品、衣服、鞋子、住房、燃料和生产工具等等物质资料的生产方式。"[①]斯大林所说的这种"物质资料的生产方式",就是包括生产、分配、交换和消费在内的统一的社会生产过程的方式。从全社会的角度看,也就是人们通常所说的经济形态。在这里,生产方式的概念相对于前述"最广义的生产方式"来说就比较狭窄一些。其中不再包括人们的生产、分配、交换和消费以外的其他社会生活方式,例如,家庭、民族、种族等,以及人们的政治、法律和精神的生活方式。这样,就有了第二层次上的"社会生产方式"即"社会经济形态"的概念。

然而,生产方式还有一个更为狭窄、更为一般和更为基本的含义,这就是撇开生产的社会形式(或如斯大林所说的"生产关

[①] 《斯大林选集》(下),人民出版社,1979年版,第441页。不过,斯大林在这里是把它作为生产力和生产关系的统一来看待的,亦即:"生产、生产方式既包括社会生产力,也包括人们的生产关系,而体现着两者在物质资料生产过程中的统一。"(同上书,第443页)而在马克思那里,其实却是一般的"生产方式"和"生产的社会形式"这两个方面的统一。斯大林关于"生产方式是生产力和生产关系的统一"这种表达方式,也是并不完全符合马克思的本意的。

系")而从生产一般的角度来看待的"工艺学意义上的生产方式"①,亦即"生产方式本身"。正如马克思在讲到"劳动过程"时所说的:"虽然使用价值或财物的生产是为了资本家,并且是在资本家的监督下进行的,但是这并不改变这种生产的一般性质。所以,劳动过程首先要撇开每一种特定的社会的形式来加以考察。"②马克思在《资本论》提到的"由劳动从属于资本而引起的生产方式本身的变化"③,"他的劳动生产条件,也就是他的生产方式,从而劳动过程本身,必须发生革命","必须变革劳动过程的技术条件和社会条件,从而变革生产方式本身"④,以及"生产方式的变革,在工场手工业中以劳动力为起点,在大工业中以劳动资料为起点"⑤等,在所有这些场合所说的这个生产方式,显然就只能是这种工艺学意义上的生产方式。这个意义上的"生产方式本身",加上直接生产过程中"生产的社会形式",就"资本的生产方式"而言,也就是加上"由劳动从属资本而引起的生产方式本身的变化",就构成"直接生产过程中的生产方式"。可以说,在《资本论》第一卷序言中,而且一般说来在整个《资本论》第一卷中,马克思所说的"资本主义生产方式"就是这个一

---

① 关于这个意义上的"生产方式",在由中共中央编译局出版的《资本论》第1卷中文第2版的"名目索引"中,新增添了一个"生产方式(工艺上的)"的目录,亦即给出了一个"工艺上的生产方式"的名称。许兴亚认为这是马克思主义经典著作的翻译、出版和研究方面的一个重要的成果。
② 《马克思恩格斯文集》第9卷,人民出版社2009年版,第207页。
③ 《马克思恩格斯文集》第9卷,人民出版社2009年版,第216页。
④ 《马克思恩格斯文集》第9卷,人民出版社2009年版,第366页。
⑤ 《马克思恩格斯文集》第9卷,人民出版社2009年版,第427页。

般意义上的"生产方式本身"(或"生产方式一般")与"生产的资本主义社会形式"的统一。正是在此基础上,才形成了把生产的资本主义社会形式包括在内的资本主义的协作、分工和工场手工业,以及机器大工业,才构成了作为一种社会生产类型的"特殊的资本主义生产方式"。

由此可见,在马克思主义的经济理论中,生产方式的概念是有狭义、广义和最广义这样三个不同层次上的含义的。其中,以"直接生产过程中的生产方式"为最基本的生产方式。人们的全部其他经济活动和社会活动的方式,他们的全部生产力和生产关系(包括全部的社会关系),都深深地植根、萌芽和存在于这个意义上的生产方式中。因此,也可以说,这是一种具有初始意义的"第一级的生产方式"。

(二) 生产力

许兴亚把与生产关系密切联系的生产力区分为三个层级:

生产资料,或直接生产过程中的物质生产力。这个意义上的生产力,可以称为"第一级"或"原生"的生产力。

劳动的生产力,包括"劳动的自然生产力"和"劳动社会生产力"或"社会劳动的生产力"。它取决于"工人的平均熟练程度,科学的发展水平和它在工艺上应用的程度,生产过程的社会结合,生产资料的规模和效能,以及自然条件。"[①]因而是既包括了自然条件又包括了生产过程的社会条件。因此,它所反映的

---

① 《马克思恩格斯文集》第 5 卷,人民出版社 2009 年版,第 53 页。

也绝不单纯是人和自然之间的关系。这个意义上的生产力,可以称作"第二级的生产力"。

最广义的社会生产力,是指从人们的全部社会活动及其方式中产生的推动社会发展的力量。它不仅包括了第一级和第二级的生产力,而且包括了人们在全部社会活动中所产生的推动社会发展的力量。这种生产力已经带有某种"引申"的、"派生出来"的和"转移"来的"生产力"的意义了。这个意义上的生产力,许兴亚把它称作"第三级的""派生的"或者"转移来的"生产力。

(三) 生产关系

在分析生产力的基础之上,许兴亚认为生产关系就是人们在社会生产中发生的相互关系,而且这只是一个最一般的说法。许兴亚根据自己对马克思文本的研究,进一步指出,第一级的生产关系就是直接生产过程中的生产关系,即人们在直接生产过程中共同活动和相互交换其活动的关系。凡是马克思把生产关系和交换关系相并列的时候,我们就应把它理解为第一级的生产关系。它是由直接生产过程生产方式决定的,而这种生产方式又是在"第一级的生产力"的基础上产生并且由它决定的。"第二级的生产关系"应指直接生产过程以外的,人们在交换、分配和消费领域内表现出来的物质生活关系。它既是由第一级和第二级的生产力和生产方式决定的,又是由第一级的生产关系派生的。第三级的生产关系则是由前两级生产关系派生出来的各种社会关系。其中也包括政治的、法律的、宗教的、道德的以及各种意识形态等方面的关系。循此可见,生产关系本身也有狭义、广义和最广义之分,最广义的生产关系指人们的一切社会关系。其中既包括了第一级和第二级的生产关系,也包括第三级的生产关系。马克思在《雇佣劳动与资本》中说:"生产关系总和起来就构成所谓社会关系,构成所谓社会",①就应做这种理解。广义的生产关系应包括第一级和第二级的生产关系,亦即人们的各种物质生产和生活关系,马克思在《政治经济学批判·序言》中说"这些生产关系的总和构成社会的经济结构"②或"经济基础",就应作此种理解。而这个意义上的"经济结构""经济基础"或"经济关系",按照马克思后来在《资本论》中的解释,就包括了"一定的生产方式以及与它相适应的生产关系"在内。作为政治经济学的对象的生产关系,主要是指第一级的和第二级的生产关系。狭义的生产关系则应是第一级的生产关系。它是一切生产关系和社会关系中最基本的和原生的生产关系和社会关系。它和直接生产过程中的生产力和生产方式一样,都是过去的历史发展的结果。对于任何一个特定的社会历史形态来说,它们都是作为前提的。

总之,无论生产力、生产方式、还是生产关系,即使从最抽象、最一般的角度看,也都是一些多层级的范畴。而现实的生产力、生产方式和生产关系,更是一些具体的和历史的范畴,它们是在各种不同的历史条件下运动的。这三个方面具体的、历史

---

① 《马克思恩格斯文集》第1卷,人民出版社2009年版,第724页。
② 《马克思恩格斯文集》第2卷,人民出版社2009年版,第591页。

的、现实的统一,构成历史上各个不同的社会形态及其经济基础。生产关系也是这样。因此,不能简单地用某几项内容把它框定起来,当作僵死的、一成不变的、教条式的"定义"。

二、马克思主义经济学的若干基本范畴

许兴亚教授学术贡献的一个重要方面,是基于对马克思经典著作文本翻译的推敲,从理论的角度重新考证、辨析经济形式、生产力、生产方式、生产关系、所有制、商品、使用价值、价值、资本等基本范畴,以清除对这些范畴的误解①②。他在阐释中注重运用马克思主义唯物辩证法,强调这些基本概念或范畴并非单纯逻辑上的概念或范畴,而是现实的生产关系的理论抽象或理论表现。

(一) 关于《资本论》中的"经济形式"

《资本论》一书的德文书名为《DAS KAPITAL》。其中"DAS"一词为冠词,无实际意义。"资本论"的"论"字,最早是日本的研究者翻译时加上的。但其实只有修辞方面的意义,而且并不那么准确。若按中文字面意思直译,将其翻译回去,就有了差别了。"资本论",就是"论资本"。译成英文,就是"On Capital"。其实,由恩格斯亲自校订过的英文版,书名仅为

---

① 许兴亚:《关于〈资本论〉第一卷序言中的若干译文的辨析》,《当代经济研究》,1998年第5期。
② 许兴亚:《〈资本论〉第一卷第一章中的若干范畴》,《当代经济研究》,2000年第9期。

"Capital",连冠词也没有。故《资本论》的书名其实是《资本》,而不是《资本论》。

那么,《资本论》一书的研究对象究竟应当是什么?这个问题有各种不同的回答。许兴亚认为,这似乎应当从逻辑的和历史的两个方面来说明。当然,在马克思那里,逻辑的方法和历史的方法是一致的。但一致性并不就是无差别性或无差异性。因此,他认为,《资本论》的逻辑上的研究对象就是"资本"。但这里的逻辑,不是黑格尔的逻辑,而是马克思《资本论》的逻辑。从逻辑的角度看,"资本"是一个概念或范畴,而"经济范畴只不过是生产的社会关系的理论表现,即其抽象。"①那么,"资本"这一范畴究竟是哪些或什么样的经济关系的理论表现或抽象呢?

毫无疑问,在现实的经济生活中,这种经济关系就是资本主义的经济关系,也就是马克思在《资本论》第1卷序言中所说的"资本主义生产方式以及和它相适应的生产关系和交换关系。"②但这里有两个问题:第一,马克思在这里说的是"资本主义生产方式以及和它相适应的生产关系和交换关系",但经济范畴又"只不过是生产的社会关系"即生产关系的理论抽象。二者如何才能统一起来?第二,这种统一又是如何,或者说通过什么样的中介,而由现实的经济关系上升为"资本"这个经济范畴的?

第一个问题涉及生产方式和生产关系的概念及关系,前已

---

① 《马克思恩格斯文集》第1卷,人民出版社2009年版,第602页。
② 《马克思恩格斯文集》第5卷,人民出版社2009年版,第8页。

论及。对于后一个问题,许兴亚认为,这个中间环节或中介就是"商品""价值""货币"和"资本"等等一系列的"经济形式"。"经济形式"是马克思《资本论》及其手稿中的一个专门术语。经济形式的"规定",也叫"形式规定""社会规定""社会的经济规定"或"经济的形式规定性"。"规定性",这本来是黑格尔逻辑学中的一个术语。在黑格尔那里,"规定"就是"范畴"。在他的《小逻辑》第一篇"存在论"第1、2两节(即该书第84、85节)中,一开始就说:"存在只是潜在的概念。存在的各个规定或范畴都可用是去指谓。把存在的这些规定分别开来看,它们是彼此互相对立的。从它们进一步规定(或辩证法的形式)来看,它们是互相过渡到对方。""存在自身以及从存在中推出来的各个规定或范畴,不仅是属于存在的范畴,而且是一般逻辑上的范畴。"[1]马克思在《资本论》及其手稿中也有这种用法,例如"经济的形式规定,即范畴"等。在《小逻辑》该篇第90和91节中,黑格尔又指出:"定在或限有是具有一种规定性的存在,而这种规定性,作为直接的或存在着的规定性就是质。""质,作为存在着的规定性,相对于包括在其中但又和它有差别的否定性而言,就是实在性。"[2]此外,关于内容与形式(Inhalt und Form)的关系,黑格尔在《小逻辑》中也指出:"现象界中相互自外的事物是一正题,是完全包含在他人的自身联系内的。现象的自身联系便这样地得到了完全的规定,具有了形式于自身内,并因为形式在这

---

[1] 黑格尔:《小逻辑》,商务印书馆1981年版,第187页。
[2] 黑格尔:《小逻辑》,商务印书馆1981年版,第202—203页。

种同一性中,它就被当作本质性的持存。所以,形式就是内容,并且按照其发展了的规定性来说,形式就是现象的规律。"[1]

可以看出,在黑格尔那里,"存在自身以及从存在中推出来的各个规定或范畴,不仅是属于存在的范畴,而且是一般逻辑上的范畴。"[2]只不过黑格尔所说的"存在"是一种思维中的"存在"。而在马克思那里,"存在"是客观的,因而经济范畴就成了客观的经济关系和经济形式的理论反映。至于马克思在《资本论》中所说的"经济形式",则是这样一些"与物结合着,并且作为物出现"的经济关系;或者说,这些物,作为一定的经济关系的承担者,就是马克思在《资本论》中所说的"经济形式"。这些"经济形式"本身,也有其自身的"形式和内容"。这些内容和形式,共同构成这些经济形式的"规定"。例如,"商品""价值""货币"和"资本"等,就是这样的一些"经济形式"或"经济规定"。因此,这与我们今天在现实经济生活中所说的"多种经济形式并存"等等当中的含义,是很不相同的。

在《资本论》第 1 卷第 1 版序言中马克思是这样说的:"……本书第一章,特别是分析商品的部分,是最难理解的。……以货币形式为完成形态的价值形式,是极无内容和极其简单的。然而,两千多年来人类智慧对这种形式进行探讨的努力,并未得到什么结果,而对更有内容和更复杂的形式的分析,却至少已经接近于成功。为什么会这样呢?因为已经发育

---

[1] 黑格尔:《小逻辑》,商务印书馆 1981 年版,第 278 页。
[2] 黑格尔:《小逻辑》,商务印书馆 1981 年版,第 187 页。

的身体比身体的细胞容易研究些。并且,分析经济形式,既不能用显微镜,也不能用化学试剂。二者都必须用抽象力来代替。而对资产阶级社会说来,劳动产品的商品形式,或者商品的价值形式,就是经济的细胞形式。在浅薄的人看来,分析这种形式好像是斤斤于一些琐事。这的确是琐事,但这是显微解剖学所要做的那种琐事。"①

其中,"以货币形式为其完成形态的价值形式"一语,原文为"Die Wertform, deren fertige Gestalt die Geldform"。"Form"一词的中文含义为"形式","Gestalt"为"形态"。"经济形式""商品形式""价值形式"和"经济的细胞形式",所用德文原文分别为"Okonomischen Formen""Warenform""Wertform"和"Okonomische Zellenform"。而且从"而对更有内容和复杂的形式的分析……"到"……就是经济的细胞形式",一连用了6个"形式",所用(包括在复合名词中)均为"Form"。

《资本论》中的"形式"(Form)一词,长期以来,在郭、王译本中所翻译的均为"形态"。在现行《资本论》中则改为"形式"。对此,沈佩林在《对〈资本论〉第一卷一些译文的商榷》一文(载《经济学集刊》第2集,1983年)中曾认为:这个词在郭、王译本中已经用了几十年,例如"价值形态""社会形态""形态变化""形态规定"等,因此没有必要重新译为"形式"。但在许兴亚看来,将"Form"重新由"形式"改为"形态"的主张,则未必都是正确的。因为在德文中"形态"另有一词,即上述"Gestalt"。至于

---

① 《马克思恩格斯文集》第5卷,人民出版社2009年版,第7-8页。

"Form"一词的含义,有的同志还认为,这里的"形式"并不是"形式与内容"中的"形式"。许兴亚则认为,只要真正搞清楚关于内容和形式之间的辩证法,那么,这一问题也是并不存在的。只不过《资本论》中所说的"形式",一般是就商品、货币、价值等等这些"经济存在"的经济和社会"形式"而言的,而"内容"则一般是就其"物质内容"而言的。这些"形式"本身又有自身的"内容"和"形式"。任何事物都是内容和形式的统一,任何"内容"都可以进一步区分为它本身的"内容和形式",任何"形式"也都可以进一步区分为它自身的"形式和内容"。这是黑格尔在《小逻辑》一书中阐明了的,也是唯物辩证法的一般原理。因此《资本论》中(从而也是一般辩证法中)所指的"内容和形式"中的形式,也并非仅有"纯粹形式"方面的含义,而且同时也是把"内容"包括在自身之内的"形式"。只要明确了以上的关系,就完全没必要一定把"形式(Form)"一词译为"形态"或"型式"。

因此,许兴亚认为,说《资本论》一书的研究对象是"资本",与说《资本论》的研究对象是"资本主义生产方式以及和它相适应的生产关系和交换关系"是一致的,不是对立的。不过,"资本"一词,有两方面的含义:客观上,是经济形式和经济关系;主观上或逻辑上,是经济范畴。资本作为经济关系、作为经济形式和作为经济范畴,三者之间也存在着一个多级和多层次的关系。从这个意义上说,论"资本",也就是论资本主义的生产方式以及和它相适应的生产关系和交换关系,其中也包括资本主义的生产力,资本主义生产关系的法律形式,以及整个资本主义经济运动的规律。作为《资本论》的研究对象的资本主义经济,在逻辑上表现为"资本"这一范畴的生成、发展和最终走向自我否定的运动;在现实中则表现为资本主义生产方式以及和它相适应的生产关系和交换关系产生、发展和逐步走向灭亡的全过程。

(二) 关于《资本论》中的"生产方式"

"生产方式"(Produktionsweise)是马克思《资本论》及全部马克思主义经济学中的一个十分重要的范畴。它的含义究竟是什么? 过去和现在、国内和国外,学界都有不同的认识或理解。在我国,最早提出政治经济学要以生产方式为研究对象的,是王学文老前辈。早在1949年11月的《人民日报》上,他就已经提出"政治经济学是以生产方式为对象的,生产方式是生产力与生产关系的统一。"[①]20世纪50年代末,李平心先生首先提出"政治经济学不是单以生产关系为研究对象的。必须结合生产关系的性质,同时分析和综合各个社会经济形态的生产力性质,并且进一步研究生产力性质与生产关系性质彼此间的区别点与汇合点。"60年代初,方文重新提出政治经济学的对象应当是社会生产方式,认为生产方式不是生产力与生产关系的简单总和,而是两者的矛盾统一体。宋承先也认为:主张生产力有社会属性的人是把生产力作为生产方式的一个侧面,即联系生产关系考察生产力的特点,并且认为,明确揭示和阐明特定生产方式下生产力所具有的特定社会属性,正是马克思主义政治经济学区

---

① 吴敬琏、罗丽:《政治经济学的对象》,载《经济研究》编辑部编《建国以来社会主义经济理论问题争鸣》,中国财政经济出版社1985年。以下本文引自该书的资料,将不再单独注明出处。

别于资产阶级政治经济学的主要特点之一。80年代以来,马家驹和蔺子荣同志进一步指出:马克思在《资本论》第1卷序言中把生产方式不仅同生产关系和交换关系并列在研究对象之内,并且摆在首位,表明政治经济学不限于研究生产关系,还要研究生产方式。他们提出了生产方式是介于生产力和生产关系之间从而把两者联系起来的一个范畴,同时区分了生产方式的几个不同层次的含义。① 许兴亚认为,这些见解,对于我们正确把握马克思主义经济学的研究对象和理论体系,改进马克思主义经济学的教学与研究,乃至对于丰富和发展马克思主义经济学,都具有重要的意义。

许兴亚进一步强调如下两点:第一,生产方式,无论是广义的还是狭义的,更多强调的都是生产过程的条件和形式。这些条件和形式又包括技术和社会两个方面。这一点在《资本论》第1卷第四篇中论述得最清楚。例如,在第10章中就曾指出:"他的劳动生产条件,也就是他的生产方式,从而劳动过程本身,必须发生革命……必须变革劳动过程的技术条件和社会条件,从而变革生产方式本身"。② 此外在第14章中还指出:"绝对剩余价值的生产只同工作日的长度有关;相对剩余价值的生产使劳动的技术过程和社会组织发生彻底的革命。""因此,相对剩余价值的生产以特殊的资本主义生产方式为前提;这种生产方式连同它的方法、手段和条件本身,最初是在劳动在形式上从属

---

① 参见:许兴亚:马克思主义经济学与中国经济问题探索,社会科学文献出版社2004年版,第95—96页。

② 《马克思恩格斯文集》第5卷,人民出版社2009年版,第366页。

于资本的基础上自发地产生和发展的。劳动对资本的这种形式上的从属,又让位于劳动对资本的实际上的从属。"[1]显然,生产的技术条件是包括生产资料(特别是劳动资料)和生产方法(即工艺)在内的。而生产资料本身,马克思有时就直接地将其称作生产力。而生产的社会条件,狭义地说,就是劳动的社会组织,或劳动的社会结合方式,例如,协作、分工和以分工为基础的协作等。广义地说,就是社会的经济制度,例如劳动者与生产资料之间的关系(也就是生产资料的所有制关系),生产过程中人与人之间的相互关系,产品的分配和交换关系等。其中也包括经济体制和经济运行机制等等。此外,在商品经济和资本主义市场经济的条件下,它还包括经济体制和组织形式或经营方式。经营方式是生产方式的一个方面或表现,但在概念上不同于生产方式。现行《资本论》1—3卷中有多处将其译为"生产方式",这是不妥当的。这一问题,也是沈佩林在上面提到的那篇论文中首先指出的。

第二,正因为如此,所以许兴亚认为,如果不是就其表述方式而是就其实质和内容方面看,把生产方式视为生产力和生产关系的统一,仍然是有一定道理的。问题在于不应当将其看作一种过分简单和僵化的"定义",而应当看作在生产方式中包含有与生产力和生产关系彼此交叉和重叠的地方,而且一般说来,从"定义"出发,或者先下定义、后作阐述的方法,本来就不是马克思在《资本论》中采用的方法。至于生产力、生产方式和生产

---

[1] 《马克思恩格斯文集》第5卷,人民出版社2009年版,第583页。

关系,三者当中的任何一者,都存在着一种多级、多层次的结构。而它们又在各个不同层面的多个交叉点上彼此互相交叉、互相渗透。它们之间的相互关系,正如马克思在《哲学的贫困》一书中所说的,乃是"随着新生产力的获得,人们改变自己的生产方式,随着生产方式即谋生的方式的改变,人们也就会改变自己的一切社会关系。"[1]也正如马克思在《政治经济学批判〈导言〉》中谈到"生产""生产资料和生产关系""生产关系和交往关系"等等的相互关系时所说的,"应该在这里提到而不应该忘记的各点:……(3)第二级和第三级的东西,总之,派生的、转移来的、非原生的生产关系。……(5)生产力(生产资料)的概念和生产关系的概念的辩证法,这样一种辩证法,它的界限应当确定,它不抹杀现实区别。"[2]这一点,对于生产力、生产方式和生产关系的关系来说同样也是适用的。在我国理论界,最早和最为自觉地提出生产力和生产关系之间互相渗透关系的,是李平心先生和张闻天同志。应该说,这是对马克思主义理论的一种贡献。明确生产力、生产方式和生产关系三者之间的多级、多层次和相互渗透的关系,对于我们正确把握马克思主义经济学的研究对象和理论体系,从而对于我们在今天更好地学习、领会、丰富和发展马克思主义的经济学,无疑具有重要的意义。

附带指出,关于狭义的生产方式,有的同志主张就是"劳动过程的方式"或"劳动方式"。许兴亚认为这种看法是正确的,

---

[1] 《马克思恩格斯文集》第1卷,人民出版社2009年版,第602页。
[2] 《马克思恩格斯文集》第8卷,人民出版社2009年版,第33—34页。

但似乎还不够。生产方式也有一个"一般、特殊和个别"的关系。正如"生产一般"是一个抽象一样,"生产方式一般"也是一种抽象,亦即简单的劳动过程的方式。"生产方式的特殊",也就是"特殊的生产方式",则有两个不同层次的含义。一是相对于不同的社会经济时代而言的,例如"特殊的资本主义生产方式"。二是同一社会的生产过程中,不同的生产部门中的生产方式的特殊性。而在一种特殊的社会生产方式占据统治地位的经济时代,它又构成该社会的"一般的生产方式"。正如马克思在《政治经济学批判导言》中所指出的:"如果没有生产一般,也就没有一般的生产。生产总是一个个特殊的生产部门——如农业、畜牧业、制造业等,或者是它们的总体。""最后,生产也不只是特殊的生产,而始终是一定的社会体即社会的主体在或广或窄的由各生产部门组成的总体中活动着。……生产一般。特殊生产部门。生产的总体。"[①]如此等。至于可否把狭义的生产方式简单地译作"生产方法",那么,"方法"在德文中另有一词即"methode"。例如,在第1卷第10章中"劳动方法"一词所使用的就是"Arbeitsmethode"。

由此可见,"生产方式"这一概念,早在《资本论》出版以前就已经有了明确的含义。但无论对于生产力、生产方式和生产关系,我们都必须把它们当作一种多级和多层次的体系来把握。与狭义的生产力相联系的有狭义的生产方式和生产关系,与广义的生产力相联系,有广义的生产方式和生产关系。此外,从更

---

① 《马克思恩格斯文集》第8卷,人民出版社2009年版,第9—10页。

广泛的意义上来说,还有最广意义的生产力、生产方式和生产关系。许兴亚认为,作为《资本论》的研究对象的生产方式以及和它相适应的生产关系和交换关系,就是这样一种最广泛意义上的范畴。也正因为如此,我们才能够像列宁所说的那样,不仅把它看作是一部马克思主义的政治经济学方面的著作,而且看作是马克思主义的哲学、逻辑学、认识论、辩证法尤其是社会科学(或社会学)方面的著作。也只有在此基础上,才能够建立起真正科学的社会主义的经济理论体系。

(三)关于《资本论》研究对象中的"生产关系和交换关系"

关于马克思在《资本论》第一卷德文第一版序言中所说的:"我要在本书研究的,是资本主义生产方式以及和它相适应的生产关系和交换关系",我国学术界的争论,除了"生产方式"外,还涉及其中的"生产关系和交换关系"。

许精德在《江汉论坛》1982年第7期中首先指出:德文"Verhaltnisse"一词有"环境"和"关系"的含义。这句话中的"资本主义生产方式以及和它相适应的生产关系和交换关系",在英文版中为"the capitalist mode of protuction, and the conditions of production and exchange"。其中"condition"一词可译为"条件"或"状态"。此外,许文还参照恩格斯在《反杜林论》中关于"政治经济学作为一门研究人类各种社会进行生产和交换并相应地进行产品分配的条件和形式的科学"的提法,认为《资本论》序言中所使用的"关系"(Verhaltnisse)一词,也就相当于恩格斯在这里所说的"条件"(Bedingungen)。也有同志提出不同意见,认为译为"生产关系和交换关系"是较确切和符合马克思原意的。

许兴亚认为,许文的意见是有一定道理的。马克思恩格斯确实是一贯重视生产和交换的条件的。但这方面的含义在这里已经包含在"生产方式"之中了。因此,此处仍应以译为"关系"为宜。倒是"交换关系"一词似乎更加值得考究一下。

关键在于,"生产方式""生产关系"和"交换方式"都是马克思主义的特有术语,但它们并不是到了《资本论》中才提出的,而是早在前引《德意志意识形态》中,马克思恩格斯就已经开始使用这些概念了。以"交换"或"交往"(德文 Verkehr)一词为例,其中就已经使用了 Verkehr、Verkehrsform、Verkehrsweise、Verkehrsverhaltnisse 等术语。只是在《马克思恩格斯全集》中文版中,分别译为"交往""交往形式""交往方式""交往关系"。《马克思恩格斯全集》编者为此专门作了注释,说明"交往"这一术语含义很广,并且认为这些术语"表达了马克思恩格斯在这个时期形成的生产关系的概念。"①应当说,把"Vekehr"一词译为"交往",在这个场合完全是正确的。问题是:能否把这几个术语全部看作"表达了马克思恩格斯在这个时期形成的生产关系的概念"?许兴亚认为还值得进一步斟酌。因为这几个词分别具有不同的意义,前一个是就行动来说的,中间两个是就交往的形式和方式来说的,后者才是指"关系",这是其一。其二,"生产关系"在《德意志意识形态》中虽然尚未形成像后来那样

---

① 《马克思恩格斯文集》第1卷,人民出版社2009年版,第808页。

稳定的用法,但已有了类似的表述。例如:"分工的每一个阶段还决定个人在劳动材料、劳动工具和劳动产品方面的相互关系";①"以一定的方式进行生产活动的一定的个人,发生一定的社会关系和政治关系"②等特别是其中在谈到封建的土地所有制和行会制度时,甚至明确地使用了"生产关系"的提法,指出:"这两种所有制的结构都是由狭隘的生产关系……决定的"③等。

由此可见,这几个术语并非马恩早期关于"生产关系"的概念,而是各具不同的含义和术语。其中,例如"Verkehrsverhaltnisse"("交换关系"或"交往关系"),不仅一直保存下来,而且还是用以说明《资本论》的研究对象的一个重要的范畴。至于如何翻译《资本论》中几种各有不同含义的"交换关系",即德文 Vekehrsverhaltnisse、Tauschverhaltnisse 和 Austaschverhaltnisse,仍是一个值得进一步研究的问题。

明确这两个术语的含义,将会有助于我们在处理社会主义社会的生产关系和交换关系时,把眼界放得更加长远,也让我们考虑问题更加深入些,更多地关注一些真正与社会的生产过程和再生产过程有关的深层次的生产关系和交换关系,而不应当被局限于狭义流通领域和泡沫经济中的一些现象所迷惑。如果我们能够全面地认识客观事物,并从中总结出科学的理论,然后用这些科学理论指导实践,就可以减少前进道路上的挫折和困

---

① 《马克思恩格斯文集》第1卷,人民出版社2009年版,第521页。
② 《马克思恩格斯文集》第1卷,人民出版社2009年版,第523—524页。
③ 《马克思恩格斯文集》第1卷,人民出版社2009年版,第523页。

难,更好地推动实践的快速发展。

(四) 关于"资本主义生产的自然规律"

《资本论》第一卷序言指出:"问题本身并不在于资本主义生产的自然规律所引起的社会对抗的发展程度的高低。问题在于这些规律本身,在于这些以铁的必然性发生作用并且正在实现的趋势。工业较发达的国家向工业较不发达的国家所显示的,只是后者未来的景象。"[①]

"自然规律"一词,在德文版中为"Natrugesetzen"为"Natur"(自然)和"Gesetz"(规律、法则)两个名词构成的复合名词。但"Natur"一词本身具有两种含义:一是"大自然"和"自然界"的"自然";二是"本性""性格"和"天性"。一方面,人类社会与自然界确实存在某些共同的地方,因此我们不妨说"自然界的自然""人本身的自然""人类社会的自然",如此等等。另一方面,人类社会的规律毕竟不同于自然界的规律。因此,此处似应译为"资本主义生产的本性的规律"为宜。这个"本性"是从资本主义生产方式这个"社会存在"中产生的。在不存在资本主义生产的地方,也就不存在资本主义生产的规律。

(五) 关于经济范畴和经济关系的"人格化"

在《资本论》第一卷序言中,马克思还阐明了他的关于经济分析的人的观点。他写道:"为了避免可能产生的误解,要说明

---

① 《马克思恩格斯文集》第5卷,人民出版社2009年版,第8页。

一下。我决不用玫瑰色描绘资本家和地主的面貌。不过这里涉及的人,只是经济范畴的人格化,是一定的阶级关系和利益的承担者。我的观点是经济的社会形态的发展理解为一种自然史的过程。不管个人在主观上怎样超脱各种关系,他在社会意义上总是这些关系的产物。同其他任何观点比起来,我的观点是更不能要个人对这些关系负责的。"[①]其中"经济范畴的人格化"一语,德文原文为:"die Personifikation Oknomischer Kategorien"。"人格化"一词,应该说是马克思的《资本论》和马克思主义经济学中的一个专门的术语,这一用法还有很多,例如:在第2章中讲到交换过程中的商品所有者之间的关系时,指出:"在这里,人们彼此只是作为商品的代表即商品所有者而存在。……人们扮演的经济角色不过是经济关系的人格化(德文原文为'die Personifikation Oknomischen Verhaltnisse'),人们是作为这种关系的承担者而彼此对立着。"[②]第3章第2节讲到"物的人格化和人格的物化(der Personifizierung der Sache und Versachlich ung der Person)"。在第4章中讲到资本家作为"人格化"(Personifiziertes)的资本,等等。在这里,问题并不简单地在于翻译方面。因为按字面意思,这几个地方译为"人格化"都不能说不对。但若仔细分析一下,却可以发现其中的意义上的区别。因为,前两个"人格化"所用的为"Personifikation";而后两个所用分别为"Personifizierung"(名词)和"Personifiziertes"(形容词)。这种用词上的

[①] 《马克思恩格斯文集》第5卷,人民出版社2009年版,第10页。
[②] 《马克思恩格斯文集》第5卷,人民出版社2009年版,第103—104页。

差别,实际上包含了意义上的区别。

作为"经济范畴的人格化"和"经济关系的人格化","人"本身在这里是充当了经济范畴或经济关系的"承担者"或"体现",就是说,我们在研究和分析的过程中,在这里是把"人"仅仅看作经济范畴或者经济关系的体现,而舍弃了他的其他方面的规定或属性。而"物的人格化"则是"拟人化"的意思,就是说,"物"本身在这里赋予了或好像是赋予了人格。"资本家作为人格化的资本",则兼有上述两个方面的意义。一方面,资本作为死的物质和死劳动,在资本家身上获得了"灵性"和"人格",因此被"人格化"(也就是拟人化)了;另一方面,资本家作为"人格化的资本",在这里将不再被当作"人"看待,而将仅仅被看作"资本"的有意志和有意识的代表或体现。也就是从此将仅仅被看作不再具有"人"的其他规定性(如消费的欲望等)的这样一个"有灵性的怪物"。

改革开放后,在我国国有企业的改革中,不时可以听到来自理论界的有关"国有资产"("国有资本")"人格化"的主张。许兴亚认为,在这种情况下,首先把"人格化"的含义弄清楚,是有一定意义的。

三、马克思主义经济学的理论体系

许兴亚教授认为,马克思主义经济学广义上是指"一门研究人类各种社会进行生产和交换并相应地进行产品分配的条件和形式的科学",狭义上是指研究某特定社会的上述条件、形式和规律的科学。即使单就马克思本人的经济学理论体系来看,也不能简单地等同于《资本论》,甚至也不能仅仅等同于马克思《政治经济学批判》的"六册计划"(包括《资本》《土地所有制》《雇佣劳动》《国家》《对外贸易》和《世界市场》)体系,而是一个更加宏伟的理论体系。[①] 按照马克思的设想,它应包括三大部分:首先应当出版的著作(第一部分)是对资产阶级"经济范畴"或"资产阶级经济体系"的批判,亦即包括前述"六册"著作的《政治经济学批判》;其次(第二部分)是"政治经济学和社会主义的批判和历史",即"经济学说史"和"社会主义经济理论史";最后(第三部分)则是"对经济范畴或经济关系的发展的简短历史概述",即"经济史"。此外,它还应包括恩格斯、列宁和斯大林、毛泽东以及世界各国的马克思主义经济学家所做出的创新与贡献。

四、中国马克思主义经济学者的历史使命

许兴亚教授指出:中国特色社会主义政治经济学,既是广义上的马克思主义政治经济学的重要组成部分,也是马克思主义政治经济学在当代中国的新发展。决不允许用资产阶级经济学理论来排挤和取代马克思主义政治经济学的主流和主导地位,也决不允许任何用资产阶级经济学的意识形态来冒充马克思主义政治经济学、歪曲中国特色社会主义政治经济学的马克思主义性质。构建中国特色社会主义政治经济学、繁荣与发展马克

---

① 许兴亚:马克思经济学著作的"六册计划"与《资本论》:读《〈资本论〉续篇探索》一书的思考[J].中国社会科学,1997年第3期。

思主义经济学,必须坚持马克思主义的指导地位:一是坚持马克思主义经济学的基本立场,将立足点放在最广大人民群众的利益和共同富裕上;二是坚持马克思主义的世界观和方法论即唯物辩证法和历史唯物论;三是坚持马克思主义经济学在我国经济学领域的主流地位,不搞指导思想多元化,等等。

许兴亚教授认为,我国马克思主义经济学理论工作者为完成自身光荣的历史使命,必须做到:一要自觉坚持马克思主义立场、观点和方法,埋头苦干、艰苦奋斗,积极投身于马克思主义理论研究和建设,继续在真正"弄懂、弄通"方面下功夫,并且努力加强马克思主义经济学理论队伍自身的建设,培养和造就一大批青年马克思主义经济理论工作者;二要贯彻理论联系实际的好学风,积极投身于中国特色社会主义建设事业,勇于实践,大胆创新,努力在实践中不断发现新事物、总结新经验,并且使之上升到马克思主义政治经济学的高度,在实践中丰富和发展马克思主义政治经济学,为构建中国特色社会主义政治经济学贡献自己的智慧;三要继续解放思想,不断排除各种"左"的和"右"的干扰,继续推进对于马克思主义政治经济学的"正本清源"和"拨乱反正"的工作,继续清除从"左"的和"右"的两方面对于马克思主义经济学的"误读""误解"和"错误的附加";四要结合新实践,进一步发掘、整理和发展马克思主义经济学理论体系;五要批判和清除西方经济学的"资产阶级的意识形态偏见",但同时也要吸收其中某些有益的东西,努力做到马克思主义经济学研究工具和手段现代化;六要创新和发展科学社会主义的"社会主义经济理论",构建和不断完善"中国特色社会主义的政治经济学"。①

第三节 对劳动价值论的正本清源和创新发展

构建中国特色社会主义政治经济学离不开马克思主义政治经济学的劳动价值论。然而,在许兴亚教授看来,无论国内还是国外,也无论是马克思主义经济学界还是非马克思主义经济学界,对劳动价值论的认识本身都长期存在许多重大的误区:其一,将马克思主义劳动价值论混同于资产阶级古典经济学的劳动价值论,将后者的"缺陷"用作反对前者的"论据";其二,把马克思的劳动价值论仅看作是一种论证"剥削"和"造反有理"的理论,认识还停留在"从李嘉图学派出发的社会主义者"的水平;其三,把马克思用于说明隐藏在交换价值和价格中的实质的劳动价值论,混同于研究"只限于价值量"或交换价值和价格的理论;其四,将马克思劳动价值论对资产阶级经济关系的"叙述""说明"和"分析"说成是"假定"和"证明"等。② 为了更好坚持马克思劳动价值,他基于马克思主义经典著作文本翻译与考据,对其中的若干重要范畴进行了正本清源,并就劳动价值论的适用范围、新的历史条件下如何深化对劳动价值论的认识、创新和发展社会主义劳动和劳动价值论等提出了自己的见解。

---

① 许兴亚:《马克思主义经济学与中国经济问题探索》,社会科学文献出版社,2004年,第122—152页。
② 许兴亚:《马克思主义经济学与中国经济问题探索》,社会科学文献出版社,2004年,第339—349页。

第三章　学术贡献

一、对劳动价值论若干重要范畴进行"正本清源"

（一）关于"商品"范畴

《资本论》第一卷提出的第一个范畴就是"商品"。马克思指出："资本主义生产方式占统治地位的社会的财富，表现为'庞大的商品堆积'，单个的商品表现为这种财富的元素形式。因此，我们的研究就从分析商品开始。"[①]

许兴亚分析认为，"商品"一词的德文原文为"Wsre"，相当于英文中的"commodity"，有"商品""产品""制品""货物"的含义。"产品"或"制品"在德文和英文中均另有一词，即"Produkt"或"Product"。"货物"也各另有一词，即德文的"Gut"和英文的"goods"。因此，单从语源学的意义上来说，"商品"一词是既包括了作为商品的劳动产品，也包括了作为商品的非劳动产品在内的。但在普通的政治经济学教科书中往往是这样解释的：商品就是用来交换的劳动产品，它是使用价值和价值的统一。并把这称作"严格意义上的商品"或"政治经济学意义上的商品"。应当说，这种解释是有一定根据的。因为资本主义商品的大多数毕竟是由劳动产品构成的，并且马克思在《资本论》首卷开篇所研究的，正是这个意义上的商品。

"劳动产品"是劳动过程的产物。按照马克思《资本论》中的有关原理，这个"Produkt"或"Product"，乃是"自然物质和劳动

---

① 《马克思恩格斯文集》第5卷，人民出版社2009年版，第47页。

这两种要素的结合",这在任何社会里都是相同的。但在资本主义生产方式条件下,它却采取了一种特殊的"用于交换的劳动产品"即"商品"的形式。因此,"产品"或"制品"就取得了"商品"的"形式规定",成了"经济形式"方面的范畴。在这里,"产品"是"内容","商品"则是其"形式"。"商品"就是它的这种内容和形式的统一。这就是我们通常所说的"严格意义上的商品"或"政治经济学意义上的商品"。

但是,关于"商品",马克思还有一个更加抽象和一般的说法,即商品是"具有交换价值(德文 Tanschwert)的使用价值(德文 Gebrauchswert)"或"用来出售的物品(德文 Artikel)"。这段话出自《资本论》第一卷第五章的第 2 节,在那里他指出:"在商品生产中,使用价值决不是本身受人喜爱的东西……我们的资本家所关心的是下述两点:第一,他要生产具有交换价值的使用价值,要生产用来出售的物品,商品。"[①]其中,"使用价值"即"商品体"(德文 Warenkorper),这是需要另外研究的。但"使用价值"和"物品"(德文 Artikel)并不一定是"劳动产品",这无论在语法上还是在文字上的确都是毋庸置疑的。因此,许兴亚认为,如果一定要采取通常的政治经济学教科书中从形式逻辑方面下定义的话,"商品"就应当有一个更加宽泛的"定义":它是"具有交换价值的使用价值"或"用来出售的物品"。这个"定义",一则涵盖了作为商品的劳动产品;二则说明了商品必须"有用",并且必须"具有交换价值";三则说明了商品不仅是"用来交换"

---

① 《马克思恩格斯文集》第 5 卷,人民出版社 2009 年版,第 217 页。

的,而且必须是"用来出售"的物品。而这又是以商品经济的较高发展阶段即"货币经济"为前提的,其中体现了"直接的物物交换"及其"交换物"与"商品交换"及其"交换物"——"商品"之间的区别。因为在这种情况下,一方面,商品也是货币;另一方面,货币也是商品。这与"直接的物物交换"中的"交换物"是迥然不同的。也正如马克思所说的:"直接的产品交换一方面具有简单价值表现形式,另一方面还不具有这种形式。""在直接的产品交换中,……交换物还没有取得同它本身的使用价值或交换者的个人需要相独立的价值形式。"[①]所以,这个意义上的"产品"还算不上"严格意义上的"商品,因此也不好说它是"政治经济学意义上的商品"。这说明了以下两个方面的问题:第一,马克思《资本论》及其政治经济学的方法是辩证法,而不是形式逻辑。试图用形式逻辑的方法来对待《资本论》,不管是试图对它进行"归纳"或"演绎",也不论试图对它进行"证实"或者"证伪",都是无济于事的。第二,"商品"作为一个经济范畴,主要是从"经济形式"方面来说的,是一种"经济的形式规定"。在商品中,使用价值只是交换价值的"物质承担者"。至于这个使用价值是什么样的,是不是劳动产品等,则是并不重要的。这就是为什么被资产阶级庸俗经济学家们称作为"生产三要素"的"资本""劳动"和"土地"也可以"表现为"商品的原因之一。只是不要忘记,这主要是从"形式"方面来看的。至于它们的内容,则是一些更为复杂的关系。

---

① 《马克思恩格斯文集》第5卷,人民出版社2009年版,第106—107页。

许兴亚认为,社会主义市场经济条件下的商品也可以这样看。既然"商品"主要是一个"经济形式"方面的规定,那么,把社会主义市场经济中的这些"生产要素"(包括劳动力)称作"商品",也是可以的。问题在于它们的内容和实质是什么。

(二) 关于"商品生产"和"资本主义商品生产"及"简单商品生产"的关系

许兴亚认为,商品作为资本主义社会的"财富(德文 Reichtum)"的"元素形式(德文 Elementarform)",是"财富"的一种"特殊社会形式"。"财富"在绝大多数的情况下是被"生产"出来的。因此,研究"财富"的"特殊社会形式",同时也就是研究"财富生产的特殊社会形式"。在这里,也就是研究"商品生产"和"资本主义商品生产"这一特定的生产方式。正如马克思在《1857—1858年经济学草稿(手稿后半部分)》中的资本章第三篇所说,"政治经济学所研究的是财富的特殊社会形式,或者不如说是财富生产的特殊社会形式。财富的材料,不论是主体的,如劳动,还是客体的,如满足自然需要或历史需要的对象,对于一切生产时代来说最初表现为共同的东西。因此,这种材料最初表现为单纯的前提。"由此可见,《资本论》开篇就研究商品,正是为了从生产的"社会形式"方面来研究资本主义的"生产方式以及和它相适应的生产关系和交换关系"的。但"商品生产"只是"资本主义生产"的一种"形式""方面"或"侧面",并不是这个生产方式的全部。除此之外,它还有其物质和技术方面的特征,亦即协作、分工和机器大工业。即使从生产的社会形式方面来看,成为资本主义生产方式的本质的也不是商品生产,而是资本和雇佣劳动的关系。正如马克思所说:"资本主义生产的最明显的特征之一就是:一方面,生产资本的形成要素必须来自商品市场,并且不断从这个市场得到更新,作为商品买进来;另一方面,劳动过程的产品则作为商品从劳动过程产生出来,并且必须不断作为商品重新卖出去。"①"实际上,资本主义生产是作为生产的普遍形式的商品生产,但是,它之所以如此,在它的发展中之所以越来越如此,只是因为在这里,劳动本身表现为商品……劳动越变为雇佣劳动,生产者就越变为产业资本家……在资本家和工人的关系上,货币关系,买者和卖者的关系,成了生产本身所固有的关系。但是,这种关系的基础是生产的社会性质,而不是交易方式的社会性质;相反,后者是由前者产生的。"②马克思的这种观点和方法,在观察社会主义市场经济的时候,也是完全适用的。

关于商品生产和资本主义商品生产的关系,在日本学者久留间鲛造、宇野弘藏等主编的《〈资本论〉辞典》③中,由中野正先生撰写的"商品"和"商品生产"词条,曾经比较详尽地表明了他的见解。其中写道:"商品形式或商品的规定性质被认为是资本主义生产方式的最概括的、最一般的范畴。这一点可以说是表明了资本主义社会的理论抽象的极限。"作者还区分了"商品生

---

① 《马克思恩格斯文集》第6卷,人民出版社2009年版,第132页。
② 《马克思恩格斯文集》第6卷,人民出版社2009年版,第133页。
③ [日]久留间鲛造、宇野弘藏等编,薛敬孝等译,《〈资本论〉辞典》,南开大学出版社,1989年版,第420—427页。

产一般"(Warenprlduktion Uebrhaupt)、"前资本主义的商品生产"(vorkapitalistische Warenproduktion)和"资本主义的商品生产"(kapitalistische Warenproduktion)。他认为,联系马克思在《政治经济学批判》中所提到的"简单商品生产者"(einfache Warenproduzenten)和在《资本论》中所提到的"简单商品流通"(einfache Warenzirkulation)的提法,他认为从中虽然也可以提出"简单商品生产"的范畴,但这一范畴是与第2卷中所提到的"商品生产一般"的范畴相适应的。就是说,仍然是对于资本主义的商品生产和前资本主义的商品生产的一种共同的抽象。至于恩格斯在《资本论》第3卷"增补"中所说的"整个简单商品生产时期"以及"直到简单商品生产由于资本主义生产形式的出现而发生变化之前"的"简单商品生产"则是在附加了限定的意义上历史地来看待的。

许兴亚认为,中野先生的这种见解是很有见地的。只是有些个别提法还值得进一步斟酌,例如,把商品生产看作资本主义生产关系的"概括"等。实际上,《资本论》中的"商品"范畴虽然可以看作是从资本主义生产方式中抽象出来的,但它毕竟还只是这一生产方式的一个"片面"的"抽象"或"要素"。因此也就不好说它是全部资本主义生产方式和资本主义生产关系的"概括"。"概括"是形式逻辑方面的范畴;而"抽象",则是辩证法(即辩证逻辑)方面的范畴。形式逻辑中的"一般"包含着"个别",而辩证法意义上的"一般"和"抽象",则只能存在于"个别"和"具体"之中。

许兴亚认为,由此可以得出如下结论和启示:第一,这里所说的"商品"和"商品生产"首先是从资本主义商品经济中抽象出来的,它是资本主义生产方式的一个方面的特征或片面的抽象。第二,但也正由于它是这样一种抽象,所以它才能够既适用资本主义的商品经济,也适用于前资本主义的商品经济,并且在一定程度上也适用于社会主义社会的商品经济。第三,适用并非意味着等同。无论是前资本主义的商品生产、资本主义的商品生产和社会主义的商品生产,它们都具有各自不同的进一步的具体规定。仅仅知道了它们的共性,还是既不能全面认识前资本主义和资本主义的商品经济,也不能正确认识社会主义的商品经济。这同样也适用社会主义的"市场经济"。至于恩格斯所说的"简单商品生产",实际上乃是"前资本主义的商品生产",是因为恩格斯在这里是从历史的角度来对马克思《资本论》中的价值规律理论进行补充说明的。

(三)关于"商品的二因素"和"劳动的二重性"及"商品的二重形式"

关于商品的"二因素"还是"二重性"的提法问题,在我国《资本论》学术界也曾经产生过争论。而在有些著作中,往往又把二者相混用。许兴亚认为,这个问题可以说本来是并不存在的。因为在《资本论》的德文版中,"二因素"所用的是"zwei Faktoren";而"二重性"用的则是"Doppelcharakter"。这在语义上本来是不应当产生什么分歧的。

问题在于,在我国不少政治经济学教科书中,有一种比较简单的说法:商品的二因素是由体现在商品中的劳动的二重性决定的。具体说来就是,具体劳动创造使用价值,抽象劳动创造价值。仔细推敲起来,恐怕也是不太准确的。因为"具体的有用劳动"(马克思更多地使用的是"有用劳动")和"相同的或抽象的人类劳动"(马克思更多地使用的是"人类劳动")只是同一劳动"一身而二任焉"的两个方面。但按上述说法,劳动的二重性就成了"两种"或"两次"劳动了。何况,商品的二因素(即商品从一方面看是使用价值,从另一方面看又是价值)特别是它的"价值性质",是由生产商品的劳动所特有的"社会形式"(既是私人劳动又是社会劳动)决定的。并不是只有在商品生产的条件下,劳动才会具有二重性;也并不是只要劳动具有二重性,产品就一定会表现为商品。从这个意义上说,劳动的二重性可以是永恒的,而产品的二因素则只能是历史的和暂时的。在这里,产品的二因素就是商品的二因素。

商品不仅具有"两个因素"而且还具有"二重形式"。马克思所说的商品的"二重形式",就是商品在社会表面上所直接表现出来的"二重形式",即商品的"自然形式"和"价值形式"。而商品的"自然形式(Naturalform)"就是它的"使用价值或商品体的形式";它的"价值形式"(Wertform)则是其"交换价值"(Tauschwert)。由此可见,"商品"虽然只是"资本主义财富"的"元素形式",但同时也是一个具有丰富的内容和规定的、多级和多层次的范畴。其中,"商品体本身"就是使用价值,也就是它们的"日常的自然形式",如铁、小麦、金刚石等。"商品"则是在其"自然形式"的基础上又加上了一层"价值形式",并且由此取得了不同于它的"自然形式"的"商品形式"。在这里,又一次体现了马克思主义政治经济学和《资本论》方法中"综合"或者"统一"的特点:辩证法的统一,不是矛盾的两个方面的"简单相加",而是一种由低级到高级、由简单到复杂的发展的关系。而"价值"本身也是一个多级和多层次的范畴。例如,价值规定(价值实体和价值量)、价值形式、商品的价值性质等。

分清商品的"二因素"和"二重形式"很重要。例如,在我国学术界,孙冶方同志的社会主义和共产主义的"产品价值论",尽管在本质上是正确的,但其缺陷之一,就是在具体的论证过程中,把价值形式说成是似乎可有可无的。许兴亚则认为,随着商品向非商品产品的转化或复归,价值形式不可避免地也会发生这样那样的变化。但只要价值概念或价值范畴还存在,价值规定的内容和一定的价值形式肯定也是还会存在的。这也进一步说明了在我国社会主义市场经济条件下,"商品"和"价值"的范畴虽然依旧广泛存在,但其"内容"则肯定已经发生了并将进一步发生某些根本性的变化。正如斯大林在《苏联社会主义经济问题》一书中所说:"在我国社会主义条件下……旧的东西并不是干脆被废除干净,而是把自己的本性改变得与新的东西相适应,仅仅保持着自己的形式;至于新的东西,也不是干脆消灭旧的东西,而是渗透到旧的东西里面去,改变旧东西的本性和职能,并不破坏它的形式,而是利用它的形式来发展新的东西。"① 这就是斯大林社会主义商品经济"外壳论"的实质和精髓所在。许兴亚认为,斯大林的这种社会主义商品经济"外壳论",无论

---

① 《斯大林选集》下,人民出版社,1979年版,第578—579页。

从理论上还是实践上,都是永远批不倒的。

(四) 关于"使用价值"范畴

对于使用价值,我国马克思主义经济学界长期以来几乎形成了一个约定俗成的"定义",即"使用价值就是商品可以满足人们某种需要的属性"。比较常见的做法是,先引用马克思的这句话:"商品首先是一个外界的对象,一个靠自己的属性来满足人的某种需要的物"。① 接下来就是:"商品能够满足人们某种需要的这种属性,就是商品的使用价值。"

许兴亚认为,这其实包含着极大的误解和误导。因为:首先,即使从字面上看,马克思在这里本已说得很清楚,是"物的有用性"(Nutzlichdeit)使"物"(Dings)成为使用价值,而不是使物的"有用性"成为使用价值。接着马克思又指出,"因此,商品体本身(selbst)……就是使用价值,或财物。"②因此,把使用价值说成"物的有用性"是明显不符合马克思的原意的。究其原因,许兴亚认为首先还是来自苏联政治经济学教科书的影响。其次,这也涉及马克思《资本论》的方法,以及马克思主义经济学与资产阶级经济学在这方面的根本区别。我们知道,马克思《资本论》方法论的基础就是辩证唯物论和历史唯物论。反映到它的起点范畴上,就表现为马克思不是从某种抽象的和一般的概念出发(其中包括既不是从"价值概念"出发,也不是从"使用价

---

① 《马克思恩格斯文集》第5卷,人民出版社2009年版,第47页。
② 《马克思恩格斯文集》第5卷,人民出版社2009年版,第48页。

值"的概念出发),而是从"商品"这个"资本主义生产方式占统治地位的社会的财富"的"元素"出发。而商品的最直接地可以感觉到的"形式",就是它的"自然形式",即其"使用价值"或"商品体"。如果把使用价值不是理解为"商品体",而是仅仅理解为"物的有用性",那就不是从商品的"表现形式"出发,而是从它的"效用"出发了。这样一来,使用价值就成了一种并非完全客观的而是主观的东西了。最后,这还涉及"价值"与"效用",以及马克思的"劳动价值论"与资产阶级经济学的"效用价值"论的关系。我们知道,长期以来,马克思主义经济学与资产阶级经济学争论的焦点问题之一就是"价值"与"劳动"及"效用"的关系。资产阶级经济学家在这个问题上的错误之一就在于,他们不仅混淆了"价值"和"价格",而且也混淆了"使用价值"和"效用",从而像唐·吉诃德与风车战斗那样攻击马克思,说马克思好像完全无视商品的使用价值或效用。而我们有些同志由于没有分清这些概念,因此在论战中有时也难免好像在唱"三岔口"。

事实是:马克思所说的"使用价值",不等于资产阶级经济学家们所说的"使用价值"(即"效用");"使用价值"和"效用"在《资本论》中所起的作用,不同于"价值"和"劳动"的作用,如是而已。正如马克思在《评阿·瓦格纳的"政治经济学教科书"》一文中指出的:"只有对我的'资本论'一窍不通的 vir obscurus(蠢汉),才会做出结论说:既然马克思在'资本论'第一版的一个注释中,驳斥了德国教授们关于'使用价值'的一般胡说……所以使用价值对他说来就没有任何作用。"① "另一方面,这个 vir obscurus 忽略了,就在分析商品的时候,我并不限于考察商品所表现的二重形式,而是立即进一步论证了商品的这种二重存在体现着生产商品的劳动的二重性,有用劳动,即创造使用价值的劳动的具体形式,和抽象劳动,作为劳动力消耗的劳动,不管它用何种'有用的'方式消耗"。② 至于"效用"本身在马克思主义经济学中则有另外的地位和作用。马克思 1847 年在《哲学的贫困》一书中指出:"在没有阶级对抗和没有阶级的未来社会中,用途大小就不会再由生产所必要的时间的最低额来确定,相反地,花费在某种物品生产上的时间将由这种物品的社会效用大小来确定。"③

(五) 关于"价值"(价值实体和价值量)和"价值规定"

马克思区分了"价值实体"和"价值量"。从一般的意义上说,任何事物都是质和量的统一。从这方面看,"价值实体"就是价值的深层次的"质",或者说是它的深层次的"质的规定",也就是商品中所体现着的"无差别的一般人类劳动"。但马克思为什么不把它称作价值的"性质"或价值的"质",而把它称作"价值实体"呢?

许兴亚认为,这首先来源于"价值实体"和商品的"价值性质"二者之间的差别,价值的"实体"或者说"形成价值的那个实

---

① 《马克思恩格斯全集》第 19 卷,人民出版社,1963 年版,第 412—413 页。
② 《马克思恩格斯全集》第 19 卷,人民出版社,1963 年版,第 414 页。
③ 《马克思恩格斯全集》第 4 卷,人民出版社,1958 年版,第 105 页。

体"是"劳动",而劳动在任何社会都是必需的或"必要"的。这就是所谓"价值规定的内容"(Inhalt der Wertbestimmungen)或所谓"价值的一切本质上的规定"(alle wesentlichen Bestimmungen des Werts)。但"劳动"并非在任何社会里都表现为"商品的价值"。"商品的价值"不过是"形成价值的那个实体"(即劳动)在商品生产的条件下所获得的一种"社会形式"或"社会的形式规定"。因此,要说明商品价值的"性质"或价值的"质",就必须同时说明它的这种"形式规定"是如何形成的。在这里,劳动的这种特殊的"社会形式"或其"形式规定性",本身就成为"价值"这一范畴的内容之一,成为它的从社会形式方面来看的"质"。劳动的这种特殊的社会规定就在于它既是"私人劳动"(Privatarbeit),又是"社会总劳动"(geselschaftliche Gesantarbeit)的一部分。马克思指出:"这种私人劳动的总和形成(bildet)社会总劳动。"[①]但是,由于商品生产者"只有通过交换他们的劳动产品才发生社会接触,所以,他们的私人劳动的特殊的社会性质(die spezifisch gesellschaftlichen Charaktere)也只有在这种交换中才表现出来……因此,在生产者面前,他们的私人劳动的社会关系(diegesellschaftlichen Beziehungen)就表现为现有这个样子,就是说,不是表现为人们在自己劳动中的直接的社会关系(unmittelbar gesellschaftliche Verhaltnisse),而是表现为人们之间的物的关系(sachliche Verhaltnisse der Personen)和物之间的社

[①] 《马克思恩格斯文集》第5卷,人民出版社2009年版,第90页。

会关系（gesellschaftliche Verhaltnisse der Sachen）。"[①]马克思在这里所说的这种现象，就是商品拜物教。因此，要想说明商品的"价值性质"，就必须同时说明商品拜物教，亦即同时说明商品的拜物教性质及其秘密。所以，仅仅知道了"价值的实体是劳动"，还是不足以说明或认识商品价值的性质。因为，就商品的价值来说，它的实体不仅是劳动，而且是一种被特别规定了的社会劳动、生产商品的劳动。

价值规定的另一个方面是价值量。商品的价值量是由"社会必要劳动量"（Quantum gesellschaftlich notwendiger Arbeit），或"生产使用价值的社会必要劳动时间"（gesellschaftlich notwendiger Arbeitszeit）决定的。这就是政治经济学的一个基本的经济规律——价值规律或"商品的价值量由社会必要劳动时间决定"的规律。

许兴亚强调，首先，价值规律是商品的"价值决定"或"价值规定"的规律。它所说明的是"商品价值的'实体'是什么"以及"商品的价值量是由什么决定"的问题，与所谓"商品交换的规律"并不完全是一回事。在商品生产的条件下，无论商品交换是否按照"价值"或"接近价值的价格"来进行，价值规律都存在并发挥着"支配"的作用。我国不少政治经济学教科书在讲到价值规律的内容的时候，往往都提到"商品按照它们的价值来交换"或者"商品交换要按照等价交换的原则来进行"。其实，这同样包含着一定的误解和误导。

[①] 《马克思恩格斯文集》第5卷，人民出版社2009年版，第90页。

其次，商品价值量是就一类商品"整个"地决定的，而并不是像有的学者所理解的那样是"商品个别价值"或"个别劳动时间"的"加权平均"。正如马克思所说："在这里，单个商品是当作该种商品的平均样品。"[①]正因为如此，在对商品的价值量进行研究的时候，所采用的首先不应当是"乘法"，而应当是"除法"，"乘法以除法作为自己的前提"。因为这时，对该类商品的"社会需要的规模，即社会需要的量"就成了一个必须考虑的因素了。

第三，价值规律是可以用数学的方式来表达的。不仅价值规律是这样，马克思在《资本论》中所提到的各种经济规律也是这样。那种认为在马克思的《资本论》中只有定性分析、没有定量分析的观点，是不能成立的。但是，无论怎样表达，都应当从马克思自己的理论和前提出发，而不应当曲解马克思的原意。

第四，既然价值不过是按比例分配社会劳动时间的规律的一种特殊的表现形式，所以也就不能排除在生产资料公有的条件下，社会有计划地分配总劳动时间的必要性和可能性。因为只有在这时，才第一次真正能够在社会的总生产和总消费之间建立起直接的联系。

（六）关于商品的"价值形式"和"货币形式"

许兴亚认为，首先，商品的"价值形式"（Wertform）就是商品的"价值表现"（Wertausdrueks）。它是在商品与商品的"社会关

[①] 《马克思恩格斯文集》第5卷，人民出版社2009年版，第52页。

系"即"价值关系"中"社会地"得到表现的。这里的"社会关系"有"公共的"或"共同的"的意思,其实是一种拟人化的说法。但商品之所以必须"具有"价值形式,则是由商品生产方式本身,即由生产商品的劳动的"社会形式"所决定的。生产商品的劳动既是社会劳动,又是私人劳动。分工和交换把商品生产者的私人劳动连接起来,使它们成为社会总劳动;而不同商品所有者之间的关系则把产品表现为"商品",把"劳动"表现为"价值",从而也就使商品具有了"价值性质"和"价值形式"。

商品的"价值形式""价值关系""价值表现""交换价值"和"交换关系"这些概念,既有联系又有区别。商品的"价值形式"(Wertform)就是商品价值的"表现形式"(Erscheinungsform),即其"价值表现"(Wertausdrueks)。但"价值关系"却并非一定是"交换关系"(Austauschverhaltnis),价值关系首先是一种比较(Vergleich)的关系。

其次,"货币形式"(Geldform)和"货币"(Geld)之间的联系和区别。很明显,这里的"货币形式"是就"商品的价值形式"或"价值表现",而不是就"货币"(Geld)或"货币商品"(Geldware)本身而言的。商品的"价值表现"包括对立的两"极"(die beiden Pole):"相对价值形式"(Relative Wertform),即处在价值被表现的地位上的商品所具有的价值形式;"等价形式"(Aquvalentform),即用自身的使用价值来表现其他商品价值的商品所具有的价值形式,它们都是商品的"价值形式"。在商品的"价值形式"或"价值表现"由"简单的、个别的或偶然的价值形式"发展到"一般价值形式"以后,"价值表现"之"两极"中的"一极"即"等价形式",就由"个别等价形式"(einzklne Aquivalentform)发展到"一般等价形式"(Allgemeine Aquivalentform)。一旦处于"一般等价形式"地位上的商品(一般等价物)被限制在一种特殊的商品上,从而"等价形式同这种独特商品的自然形式社会地结合在一起"①,这种特殊商品就成了"货币商品"(Geldware),或作为货币执行职能(funktioniert als Geld)。而"一种商品(如麻布)在已经执行货币商品职能的商品(如金)上的简单的相对的价值表现,就是价格形式(Preisform)。"

许兴亚认为,"货币形式",是就下述意义而言的,即:"等价物"这个"价值形式"由"个别的等价物",经过"特殊的等价形式"(die besonder Aquivalentform)和"一般等价形式"(Allgeneine Aquivalentform),最后发展到"货币形式"。亦即充当等价物(Aquevalent)的商品由"个别等价物",经过"特殊的等价物"和"一般的等价物",最后取得了"货币商品"的形式。但就货币自身的职能而言,这才仅仅涉及它的"一种"基本职能,还没有涉及它的另外一种基本的职能,即货币作为"流通手段"(Zirkulationsmittel)的职能。但只有"作为价值尺度并因而以自身或通过代表作为流通手段来执行职能的商品"才是"货币"。而"货币"本身又有其各种不同的形式,例如,金属条块、铸币、辅币、纸币、计算货币以及各种信用货币等。马克思把它们称做"货币的表现形式""存在形式"以及各种"地方形式"等。可见,通常所说的"货币形式",从概念和逻辑上来看,既非"货币"本身,亦非

---

① 《马克思恩格斯文集》第5卷,人民出版社2009年版,第86页。

"货币自身的各种形式",而仅是处在等价形式地位上的等价物商品所具有的一种"价值形式"而已。由此看来,从苏联政治经济学教科书中承袭过来的我国政治经济学教科书中关于"货币的起源"的写法,也是值得进一步推敲的。

从许兴亚的这些观点可以看出:在马克思的《资本论》中,有许多看似非常简单、非常基本的范畴,都还是需要认真研究的。因此,在我国经济学界,对于那些无论赞成还是反对马克思主义政治经济学的人们来说,一个共同的任务就是开展对于马克思主义政治经济学基本范畴、基本原理的再学习、再教育和再普及。

二、关于价值规律问题

(一) 价值规律不仅是商品经济的范畴

新中国成立之后,我国经济学界对于价值规律问题进行过多次讨论。大多数人认为,价值规律仅仅是商品经济的规律。孙冶方则从20世纪50年代起就系统地提出了自己的不同见解,并且首次使用了"商品的价值规律"和"产品的价值规律""资本主义商品经济的价值规律"和"社会主义计划经济的价值规律"等提法[1]。许兴亚认为,孙冶方的见解是非常独到的、精辟的,可以说是解决了社会主义时期价值规律理论乃至整个社

---

[1] 孙冶方:《社会主义经济的若干经济理论问题》,北京,人民出版社,1979年版。

会主义政治经济学的一个枢纽性问题。许兴亚在此问题上的见解,是一个孙冶方派。他不仅崇尚孙冶方作为共产党员的高风亮节和人品,而且赞赏和拥护孙冶方在研究社会主义经济问题时所表现出的马克思主义的立场、观点和方法。马克思在《政治经济学批判〈导言〉》中曾说过,在研究任何经济范畴的时候,也像在研究任何社会问题时一样,主体,即社会,都必须是既定的。许兴亚认为,孙冶方对价值规律问题的理论,恰恰具备了马克思上述方法论的特点。也就是说,对于社会主义的商品和价值规律问题,必须从社会主义经济的实际出发,具体分析它们的特点和发生作用的形式,而不能仅仅停留在私有制商品经济和价值规律的自发调节作用上。

基于上述认识,许兴亚阐明了自己的见解,并对孙冶方的理论做了自己的补充。

孙冶方关于价值规律不仅是商品经济的客观规律的见解,是从对社会主义经济二重性的分析出发的。孙冶方认为:商品是一个历史的范畴。在共产主义社会商品不存在了,但是价值概念和价值范畴还会存在。而在社会主义社会中,既有商品经济的因素,也有非商品经济的共产主义因素,但是,二者都不是纯粹的。因此,社会主义时期的价值规律不应当仅仅看做商品经济的规律。社会主义时期价值存在的基础是社会主义劳动的二重性和产品的二重性。许兴亚认为孙冶方的观点,除了某些具体提法可以进一步斟酌以外,主要观点都是正确的。

首先,那些认为价值规律仅仅属于商品经济的学者,主要是以马克思恩格斯的某些论断为依据。马克思恩格斯的确首先把价值规律作为商品经济的客观规律来看待,并且说过在社会主义和共产主义的公有制经济中,产品将不再"表现为价值"。然而,马克思恩格斯这样做,是由他们所处的时代和研究的对象、目的、方法决定的。他们是为了揭示资本主义社会发展、变化的规律而分析商品的价值及其规律的,他们所说的那种随着公有制的建立而不再表现出来的"价值",就只能理解为私有制商品的价值。那么,当这种私有制经济被消灭以后,在社会主义和共产主义的非商品经济中,为什么不可以有自己特殊的价值和价值规律呢?当然是可以有的,只是在社会主义和共产主义的非商品经济中,价值和价值规律的作用和表现形式会有所不同罢了。其次,马克思恩格斯并没有断言价值理论完全不适用于未来的非商品经济的社会形态。再次,有的同志提出,在共产主义社会中将仍然存在价值规定和价值概念,但却不会存在价值规律,这在逻辑上是说不通的。最后,许兴亚认为关于是否仅仅商品经济有价值规律的问题,我们的研究不应停留在经典作家的论述上,而应当从社会主义经济的现实出发。不可否认,我国的社会主义商品生产和商品交换还有进一步发展的必要。但是,同样明显的是,我国社会主义经济中已经存在着大量的不属于商品生产和商品交换的成分。不仅全民所有制经济的产品不可能全部用于商品交换,而且集体所有制经济中那些直接用于集体经济内部分配和直接上缴给国家的产品部分,也已经不属于商品。但是,不论从全民所有制经济、集体经济以及全社会的角度来看,也不论产品是否属于商品,价值规律和价值范畴都是存在并被广泛运用着的。因此,对于社会主义社会的价值规律和价值范畴存在的必然性,显然是不能仅仅用商品经济的存在来解释的,而只能用社会主义劳动的二重性(具体劳动和抽象劳动)和产品的二因素(使用价值和价值)来解释。

(二) 商品的价值规律和产品的价值规律的关系

对于"商品的价值规律"和"产品的价值规律"的提法,许兴亚的观点是:既然价值规律不仅是商品经济的客观规律,那就必须区分两种不同的价值规律——商品的价值规律和产品的价值规律。由于社会主义经济是包括商品经济和非商品经济成分在内的统一的经济,所以,社会主义经济中的价值规律是包括商品和非商品在内的统一的社会主义劳动产品的价值规律,它既作为社会主义商品的价值规律起作用,又作为社会主义非商品产品的价值规律起作用。在我们提到价值规律的时候,不应当仅仅把它理解为商品的价值规律,而应当把它理解为社会主义经济中的价值规律,可以表述为产品的价值规定的规律。具体来说,这种规定性又表现在质的规定性和量的规定性:产品的价值实体是由其中包含的一般人类劳动的性质决定的,产品就是这种劳动的物化;产品的价值量则是由其中所包含的社会必要劳动时间决定的。这一点,对于我国社会主义经济中商品和非商品产品都是适用的。在现阶段,产品的价值形式往往采取一种"商品的价值形式"相类似的形式。因此,我国社会主义经济中价值规律的内容还应包括"价值"与"价值表现"即"价格"的关系。只不过,对于我国社会主义经济中的那些具有比较纯粹的"商品性质"的产品的价格来说,他们的价格也像在私有制商品生产条件下那样,主要是通过市场竞争来形成的;而非商品产品的价值和价格,以及全社会的价格的"总水平",则可以通过"计划"工作来加以计算、测定和调整,因而可以成为社会主义"计划"工作的工具。这也就是我国社会主义社会中的商品的价值和价格与非商品产品的价值和价格的主要区别。

在商品生产和商品交换占统治地位的资本主义时代,一方面,一些不是劳动产品的东西(如土地、自然资源、劳动力等)也进入了商品交换的领域;另一方面,一些不进入商品交换领域的劳动产品也具有了"价值""价值形式"或"价格"(如资本家企业中直接用于再生产的生产资料和直接用于资本家个人消费的生活资料)。因此,即使在资本主义社会中,价值规律也已经不仅对商品而且对非商品产品发生作用了。商品的价值形式也得到了进一步的发展,出现了一系列复杂的价格形式。不过,由于资本主义生产是以商品生产为基本形式的,所以这时的价值规律主要是作为商品的价值规律发生作用的。但是,在社会主义条件下,由于商品生产和商品交换的性质和范围已经发生了客观变化,社会主义经济也已经不能被简单地看做商品经济,因而价值规律也就不能仅仅被看作是商品经济的价值规律了。价值规律的作用也就更多地由交换的领域转入了生产的领域,更多地被用于国家和企业的计划管理和经济核算等方面。即使到了共产主义社会,价值规律也将作为单一的非商品经济的价值规律发生作用,并且主要地被用来解决生产问题。至于在社会主义条件下,价值规律和社会主义基本经济规律以及有计划按比例发展的规律之间的关系,它们一方面是互相联系、互相渗透、互为补充的,另一方面又是互相区别的。作为国民经济计划主要依据的,首先是社会主义社会的基本经济规律和有计划按比例发展的规律。因此,毛泽东关于价值规律只是计划工作的工具而不是它的主要依据的论断,对于产品的价值规律来说,也是不正确的。不能笼统地说,我们的计划工作只能放在价值规律的基础之上。

今天,社会主义市场经济的理论和实践已经有了更为全面和深入的发展。而这一切当然都是包括许兴亚在内的广大经济学者辛勤探索的结果。

(三)市场价值与价值和市场价值规律与价值规律

许兴亚教授认为,在马克思那里,"市场价值"既不同于商品的实际价值,也不同于日常的市场价格,而是一个介于商品价值和市场价格之间而又同时具备价值和市场价格的规定的中间范畴。但因为它是"用货币来估计的价值",所以它就是对在市场上出现的一类商品的各种不同的市场价格起调节作用的那个共同的市场价格。商品的市场价格在竞争和供求的作用下,就是围绕着这个市场价值而不是直接围绕着商品的价值自发地上下波动的。商品的市场价格围绕着这个"起调节作用的市场价格"即市场价值,而不是直接围绕着价值而上下波动的规律,就是市场价值规律。它的基本内容就是同类商品在同一市场上只能有一个"共同的、起调节作用的市场价格"。它是在价值规律的基础上、由价值规律派生出来的、价值规律在流通领域内(即在市场上)的表现形式,但却并不就是价值规律本身。在资本主义的基础上,商品的"市场价值"转化为商品的"市场生产价格"或"社会生产价格",但是市场价值规律及其发生作用的形式仍然没有变。市场上的同类商品仍然只能有一个共同的、对同类商品的各种不同的市场价格起调节作用的"市场价值",即"市场生产价格"或"社会市场价格",它才是同类商品的各种不同的市场价格赖以波动的重心。马克思所说的这个"市场价值",就是重农学派所说的"必要价格",亚当·斯密所说的"自然价格",李嘉图所说的"生产价格",以及在一定意义上,就是当代资产阶级庸俗经济学家所说的"均衡价格"。但是资产阶级经济学家的共同局限,就在于他们当中的任何人,从来也没有把价值和市场价值、价值规律和市场价值规律区分开来。因此,无论在内容和形式上,马克思的"价值-价格"理论,都比西方资产阶级经济学的"价值-价格"理论更完整、更全面、更深刻。

(四)"虚假的社会价值"

马克思在《资本论》中还提出了一个著名的"虚假的社会价值"的理论。国内外都有学者认为:"虚假的社会价值"虽然名义上是"虚假"的,但仍然是农业部门中农业工人创造的剩余价值的一部分。对此,许兴亚指出,虽然地租作为"虚假的社会价值"是社会为购买农产品向农业资本家多支付的价值或价格,亦即资本投资于农业所带来的超额利润,但超额利润即"虚假的社会价值"的产生却并不仅局限于农业部门,只不过在农业部门比较固定。其实质则在于:在资本主义的基础上,在竞争和市场价值规律的作用下,"平均利润率和平均利润率规律"转化为"最低限度利润率和最低限度利润率规律",由此导致,在社会生产的任一部门内,条件最坏的资本也要力求获得这个最低限度的平均利润和平均利润率(否则它就会从该部门抽走)。其结果必然导致在全社会各个生产部门内都会产生出一个不断增长的、名义上的、虚假的超额利润,即"虚假的社会价值",也就是全社会的名义上的利润率必然不断地高于实际利润率,全社会的名义利润必然会不断地高出全社会的实际利润即实际剩余价值。

三、对劳动价值论的适用范围的分析

许兴亚认为,如同狭义的政治经济学是关于资本主义生产、交换、分配和消费的规律的科学一样,狭义马克思主义政治经济学中的劳动价值论,首先也是用来说明资本主义社会的经济关系和经济运动规律的。由于资本主义生产以私有制和市场经济为前提,因此,这一理论的适用范围,首先是与社会发展的一定阶段相联系的。劳动价值论以资本主义生产和私有制商品生产为前提。只有在认清这一点的基础上,才能谈得上在新的历史条件下深化对于劳动和劳动价值论的认识。

由于资本主义社会是私有财产最发达的社会,所以正是到了资本主义时代,"价值"作为一个经济范畴和法律上的"逻辑术语",也才充分地发展起来。"政治经济学",作为一门科学,也是资本主义时代的产物。所以,从重商主义时代以来的各种资产阶级的政治经济学,无论是"古典"的(尽管马克思主义经济学和资产阶级经济学关于"古典经济学"的定义不同),还是

"现代"的(从马克思主义的观点来看亦即"庸俗"的),或隐或现地,无不把一定的价值理论作为自己理论的基础。而以李嘉图为代表的资产阶级古典学派的劳动价值论,比其他各种资产阶级经济学的价值理论都更深刻、更客观、更科学,因此它才成为马克思劳动价值论的理论来源。

资产阶级古典政治经济学劳动价值论,经历了一个艰难的发展历程。从威廉·配第和布阿吉尔贝尔到大卫·李嘉图和西斯蒙第,而由李嘉图"作为古典政治经济学完成者""把交换价值决定于劳动时间这一规定作了最透彻的表述和发挥"。[①] 但"李嘉图的研究只限于价值量","同时,李嘉图还把劳动的资产阶级形式看成是社会劳动的永恒的自然形式。"[②]此外,还在李嘉图时代,围绕他的劳动价值论,经济学界就已经提出了如下四个方面的诘难:

第一,已知劳动时间是交换价值的内在尺度,试以此为基础论证"劳动"的"价值"或"价格",即工资。

第二,为什么在纯粹由劳动时间决定的交换价值的基础上进行的生产,结果竟会使劳动的交换价值小于劳动的产品的交换价值?

第三,商品的市场价格随着供求关系的变动而低于或高于它的交换价值。因此,商品的交换价值是由供求关系决定的,而不是由它们所包含的劳动时间决定的。

---

① 《马克思恩格斯全集》第 13 卷,人民出版社,1962 年版,第 51 页.
② 《马克思恩格斯全集》第 13 卷,人民出版社,1962 年版,第 50 页.

第四,最后一个,似乎也是最有力的一个问题,不包含劳动的商品怎么会有交换价值呢?

许兴亚强调,对于上述四个问题,只有马克思在其《资本论》等著作中给予了科学的回答。其中的前两个问题,是通过创立了科学的"劳动二重性"原理、"劳动力商品"原理以及"资本"的理论,而在《资本论》第1卷中就得到了阐明。第三个和第四个问题,则是在《资本论》第3卷中,通过"竞争学说""虚拟资本学说"和"地租学说"得到阐明的。正因为如此,马克思就理所当然地成了李嘉图最好的学生和继承人。同时,也正因为马克思批判地克服了李嘉图劳动价值论的缺陷,才在政治经济学劳动价值论的领域内,引起了革命性的变革。

然而,马克思和李嘉图,他们的劳动价值论毕竟都是用来说明资本主义经济运动规律的理论。他们最大的不同仅在于:李嘉图是站在维护资本主义生产方式及其发展的立场上,对资本主义不可避免的资本积累停滞的趋势(由于平均利润率趋于下降),表现出了应有的担心和恐惧;马克思则站在科学社会主义的立场上,无情地揭示出资本主义生产方式的历史暂时性,也就是揭示出资本主义必然会由社会主义、共产主义取代的历史的总趋势。与此同时,从李嘉图学派劳动价值论出发的社会主义者也抓住从中所引导出来的结论:既然价值是由劳动创造的,那么工资就应该等于全部劳动产品的价值,从而责备资本主义经济的现实与李嘉图的劳动价值论相矛盾,"要求资产阶级社会在实践中贯彻它的理论原则的臆想的结论"。①

由此可见,劳动价值理论,在资本主义的基础上确实可以成为揭示资本主义经济的本质以及经济运行规律的理论工具,并在一定限度内也确实可以成为工人阶级反对资本主义剥削的工具。问题在于:工人阶级决不能仅仅满足于这种"做一天公平的工作,得一天公平的工资"的要求。因为这仍是以承认资本和雇佣劳动制度存在的合理性为前提的。资本家同样也可以声称:只要在劳动力的买卖过程中工资没有被压低到劳动力的价值以下,他就同样没有违背"等量劳动相交换"的原则。而通过这种交换,工人的劳动力和资本家从市场上买来的生产资料——从"价值"的角度看,就是所谓"积累起来的劳动"——就全部变为归资本家所有的生产要素。而"劳动力"作为一种"使用价值",它的发挥就是"劳动"。因此,从资本家的角度看,他所占有的全部产品的价值都只是在生产过程中已经归他所有的生产要素发挥作用的结果。这既没有违背"等量劳动相交换"的原则,也没有违背"价值是由劳动创造"的原理。从维护资本主义制度的合理性出发反对劳动价值论的庸俗经济学家们,和从李嘉图劳动价值论出发的社会主义派别,他们一个共同的错误就是没有看到,在"价值"和"劳动"面前,资本家和工人的"权利"仍是"平等"的。

许兴亚进一步指出:劳动价值论,无论是李嘉图学派的,还是马克思主义的,首先都主要是用来揭示私有制商品经济运动

---

① 《马克思恩格斯全集》第13卷,人民出版社,1962年版,第52页。

规律,特别是资本主义经济运动规律的。至于说到在资本主义以后的社会中劳动价值论的应用,马克思则曾明确指出过:"首先,我在任何地方都没有说过'社会限定价格',并且在研究价值时,涉及的是资产阶级关系,而不是把这个价值理论应用于那绝不是由我而是由谢夫莱先生以我的名义设计的'社会国家'。"①恩格斯在著名的《反杜林论》中也曾指出:"直接的社会生产以及直接的分配排除一切商品交换,因而也排除产品向商品的转化(至少在公社内部),这样也就排除产品向价值的转化。""社会一旦占有生产资料并且以直接社会化的形式把它们应用于生产,每一个人的劳动,无论其特殊的有用性质是如何的不同,从一开始就直接成为社会劳动。那时,一件产品中所包含的社会劳动量,可以不必首先采用迂回的途径加以确定;日常的经验就直接显示出这个产品平均需要多少数量的社会劳动……人们可以非常简单地处理这一切,而不需要著名的'价值'插手其间。"②不过,马克思恩格斯并非没有为人们留下研究的余地。我们应当从社会主义社会的市场出发,开展对于社会主义条件下劳动和劳动价值论的研究。

四、新的历史条件下如何深化对劳动和劳动价值论的认识

20世纪末21世纪初,我国政治经济学界开展了一次关于

---

① 《马克思恩格斯全集》第19卷,人民出版社,1963版,第403页。
② 《马克思恩格斯文集》第9卷,人民出版社2009年版,第326—327页。

深化马克思劳动和劳动价值论认识的大讨论。那么,究竟应当怎样在新的历史条件下深化对劳动和劳动价值论的认识呢？对此,许兴亚指出以下几点：

第一,我国的社会主义市场经济,是一种特殊类型的市场经济体制。由于我国的社会主义社会还处在它的初级阶段,所以马克思主义经典作家"关于资本主义社会的劳动和劳动价值的理论",特别是其科学的方法,在很多方面也还仍然是适用的。但在另一方面,我国的社会毕竟已经进入社会主义社会的初级阶段。因此上述理论也就不再是无条件适用的,而是必须适应新的历史条件加以发展。然而,这种发展又必须是科学的和实事求是的,是在马克思主义的正确轨道上进行的,丝毫也不意味着可以用我们今天的"社会主义社会"的理论和政策,去否定马克思主义"关于资本主义社会的劳动价值的理论"。更不应以一百多年来资产阶级庸俗经济学家用来反对马克思主义的"理论"作法宝,当作是"理论创新"。在这里,发展变化的唯一的根据就是社会生产方式和经济条件的变化,舍此,就谈不上对于马克思主义劳动价值论的丰富和发展。

第二,马克思主义的经典作家不仅论述了"关于资本主义社会的劳动价值的理论",而且关于社会主义社会的"劳动"和"价值",也留下了不少宝贵的提示。例如,关于劳动将越来越不再作为财富的尺度的论述,关于价值是生产费用对效用的关系的论述,关于价值将主要用于解决生产方面的问题的论述,关于"在资本主义生产生产方式消灭以后但社会生产依然存在的情况下,价值决定仍会在下述意义上起支配作用:劳动时间的调节和社会劳动在不同的生产类别之间的分配"①的论述等,都是值得我们进一步认真加以研究和探讨的。此外,针对我国社会主义市场经济的实际,马克思的理论中一些虽然并不属于"价值"理论本身但却与"价值"问题密切相关的问题,诸如"竞争和市场价值以及市场价格",以及"生产价格"和"市场生产价格"等,也都是值得我国经济学界进一步认真发掘和探讨的。

第三,关于社会主义市场经济条件下的价值理论的"一元论"和"多元论"。许兴亚认为,只要是在"坚持马克思主义的基本立场、观点和方法"以及我国"社会主义市场经济"的"社会主义性质"的前提下,各种不同的"社会主义社会的价值学说"是完全可以"百花齐放"和"百家争鸣"的。现实的社会主义社会是具体的,而"具体之所以是具体,因为它是多样性的统一。"问题仅在于是否科学。

第四,关于我国社会主义市场经济条件下的"劳动"。许兴亚认为,这与劳动价值论既有联系又有区别。大讨论中所涉及的其实主要是如何看待我国现阶段的"生产劳动与非生产劳动"的问题。许兴亚认为,马克思关于"生产劳动和非生产劳动"的理论虽有多个层次,但最后却是从劳动的"社会形式规定"方面来划分的。马克思在《剩余价值理论》中指出:"体现生产工人的劳动的商品,其使用价值可能是最微不足道的。劳动的这种物质规定性同劳动作为生产劳动的特性毫无关系,相反,劳动作为生产劳动的特性只表现一定的社会生产关系。我们在

---

① 《马克思恩格斯文集》第7卷,人民出版社2009年版,第965页。

这里指的劳动的这种规定性,不是从劳动的内容或劳动的结果产生的,而是从劳动的一定的社会形式产生的。"

循着马克思的思路,许兴亚认为,在我国社会主义市场经济的条件下,一切符合"社会主义的本质"的劳动,无论是物质生产领域内的还是非物质生产领域内的,也无论是经营管理者的劳动还是普通劳动者的劳动,概莫能外,全部都应当被看作"创造价值的""生产劳动"。反之,则相反。关键仅在于具体地判断某人或某些人所从事的是否算得上是对"我国社会"真正"有益"的"劳动",而且以它的"必要性"为数量界限!至于"经营管理者的劳动",问题其实本来也很简单,因为"管理劳动"具有"二重性"。从这个意义上说,在我国社会主义市场经济的条件下,一个人如果仅仅从事了某种或某些"经营管理"性的活动,甚至还赚了大把大把的钱,还是并不一定就表明他所从事的就是"创造价值"的"生产劳动"。同样的道理,也适用于我国所有各类劳动者的"劳动"。

最后,关于劳动价值论与我国当前的分配制度的关系。许兴亚认为,二者并无内在的和必然的联系。"按劳分配"和"按要素分配"的根据,都不在任何一种"价值理论"中,而在于我国社会主义现阶段的"生产力和生产方式以及生产关系的矛盾"中,在于我国的"基本经济制度"(即"基本经济体系",德文 System,英文 system)中,以及社会主义现阶段的"实际需要"中。

在这场由党中央提出、全国马克思主义经济学界热烈响应的关于劳动和劳动价值论的大讨论中,许兴亚积极参加各种研讨会并经常在会上做重点发言,也撰文阐述自己独到的见解,其核心观点——在社会主义市场经济条件下,一切符合"社会主义的本质"的劳动都是对我国社会真正有益的劳动,都是"创造价值的""生产劳动",都有理由存在——与党的十六大报告中"要尊重和保护一切有益于人民和社会的劳动"的提法高度吻合,充分反映了他深厚的马克思主义经济学素养和运用马克思主义立场、观点和方法分析现实问题的能力。

第四节 对马克思扩大再生产理论的探讨

社会总资本再生产理论特别是其中的社会生产两大部类对比关系的理论,是马克思全部学说中理论性较强的部分。在传统的政治经济学教科书中对于这一点往往是这样介绍的:在马克思《资本论》的数字公式中,由于没有考虑到扩大再生产过程中资本有机构成的提高,所以两大部类生产是平行增长的。列宁在《论所谓市场问题》等著作中,把资本有机构成的提高引入马克思的数字公式,得出了生产资料生产的增长快于消费资料生产的增长的结论。斯大林在实践中提出了一条优先发展重工业的政策,并在《苏联社会主义经济问题》一文中,把这说成是"马克思再生产理论的基本原理"和"建设社会主义的根本条件"。苏联的政治经济学教科书和社会主义各国的政治经济学界都曾把这一观点当作"马克思再生产理论的基本原理",形成了错误的教条,并在实践中形成了一种僵化的经济建设路线。受此影响,"优先发展生产资料的生产"即"优先发展重工业"在我国也成为重要的经济方针。

开拓当代中国马克思主义政治经济学的新境界,需要有挑战长期形成的错误教条的巨大理论勇气。许兴亚教授在对马克思扩大再生产理论的探讨中,就生动体现了这样的求真务实和批判创新的精神。

一、对扩大再生产条件下社会生产两大部类生产对比关系的初步探讨

根据20世纪60年代我国国民经济的调整的经验教训,许兴亚早在大学时期就对"马克思再生产理论的基本原理"提出过质疑。1978年党的十一届三中全会前后,他在内蒙古自治区的一个县级中学里,在几乎与国内外经济学界隔绝的情况下,深入进行了这方面的研究。他在刻苦钻研马克思的《资本论》和列宁的一系列著作的基础上,结合"六五"期间我国国民经济的调整和当时我国经济发展战略目标,并且通过回顾与总结新中国在处理农、轻、重相互关系问题上走过的曲折道路和经验教训,写成了论文《对扩大再生产条件下社会生产两大部类生产对比关系的初步探讨》。该论文近五万字,是他在一个月时间里专门为报考研究生所完成的,当时被装订为厚厚两大本,分别用白色纸张、蓝色纸张作为封皮,因而被其研究生同窗戏称为"白皮书"和"蓝皮书"。在标志着他进入马克思主义经济学研究的处女作中,许兴亚提出以下研究结论:

第一,马克思《资本论》中有关扩大再生产的公式不是一个,而是三个,即:$I(v+m)>IIc$,第一部类必须为两部类扩大再生产提供追加的生产资料;$II(c+m-m/x)>I(v+m/x)$,第二部类除了要满足两个部类所需的消费资料之外,还必须为两大部

类扩大再生产提供追加的消费资料;Ⅰ(v+△v+m/x)=Ⅱ(c+△c),两大部类相互提供的生产资料和生活资料保持一定的比例。① 其中,第二个公式是他在对我国经济学界60年代的讨论几乎一无所知的情况下,直接依据《资本论》独立研究得出的。他认为,从以上三个公式中,得不出生产资料优先增长的结论。《资本论》中也不包含为了扩大再生产就必须优先发展生产资料生产的"原理",两部类生产(在马克思列举的数字图式中)是平行增长的。只有这三个公式才更加准确地反映了社会资本扩大再生产的条件。这一研究结论与毛泽东提出的农、轻、重三者的相互关系原理是一致的。

第二,列宁关于在资本主义条件下生产资料生产比消费资料生产增长得更快的结论,是在特殊条件下得出的,并且明确指出,这是由资本主义生产的特殊性质和固有矛盾决定的。列宁并没有把生产资料生产的优先增长视为任何社会都普遍适用的经济规律。从列宁的论述中也得不出为了扩大再生产就必须优先发展生产资料生产的结论。

第三,扩大再生产条件下社会生产两大部类生产增长速度的对比关系,取决于两部类生产的资本有机构成、剩余价值率和积累率等一系列复杂因素。在这些因素的不同对比关系和组合中,两大部类生产增长速度的对比关系既可以呈现出第Ⅰ部类优先增长,也可以呈现出第Ⅱ部类优先增长。但从长期的历史

---

① 在这里,v表示可变资本,m表示剩余价值,c表示不变资本,△v表示追加的可变资本,△c表示追加的不变资本,m/x表示资本家对剩余价值的消费。

发展角度看,两大部类生产最终应当是平衡发展的,而不是只有生产资料生产优先增长这样一种"唯一"的模式。

第四,社会主义国家在安排两大部类生产和农、轻、重的关系时,必须从实际出发,"按照实际情况决定我们的方针",根本不存在某种固定的、一成不变的模式或者格局。国家在决定国民经济发展规划时,要综合考虑国家的实际发展情况,包括横向的和纵向的,而不能仅凭个别领导人主观上的想法或者愿望。

总之,他认为两大部类生产增长速度的对比关系,不存在某种固定的、一成不变的模式或格局。而农、轻、重的相互关系,大体上看,可以说反映了两大部类之间的对比关系。因此,必须从实际出发,按照实际情况决定我们的路线、方针和政策。当时,很多人还无法理解他的这一研究成果。实际上,许兴亚的观点和当年斯大林、毛泽东的有关理论也是相左的。而且,党中央的理论刊物《红旗》杂志还曾发表过一位领导同志的文章,题目就叫作《生产资料生产优先增长的规律不能否定》。一些关心他的同志也劝他务必要谨慎从事。但是,许兴亚坚信自己的研究成果是符合马克思主义经济学的基本原理的,也是符合党、国家和人民群众的根本利益的。后来的事实证明许兴亚的研究成果是正确的,尤其是党的十一届三中全会以来加快农业、轻纺工业、服务业和信息产业的决策与成功实践,也进一步印证了他的研究成果的科学性。

二、马克思主义的再生产理论和国民经济的调整问题

通过一段时间的学习和探索,许兴亚在《对扩大再生产条件下社会生产两大部类生产对比关系的初步探讨》一文的基础上,和研究生同窗陆立军、巫继学合作完成了《论扩大再生产条件下社会生产两大部类增长速度的对比关系》。该文首次刊载于1979年《河南师大科学研讨会论文集》,公开发表于同年甘肃省《社会科学》杂志第4期。《人民日报》1979年11月18日在对河南省经济学会讨论会的报道中,曾摘述该文的观点。

该文的主要研究结论是:

第一,生产资料生产优先增长并不是扩大再生产条件下两大部类增长速度对比关系的唯一趋势。生产资料生产的优先增长,并不是扩大再生产或技术进步条件下唯一或必然趋势,而是在技术进步引起有机构成提高,而社会的消费水平却没有相应提高,或虽有提高但赶不上前者的情况下,才有可能出现的现象。这种现象在以大机器生产为特征的资本主义和社会主义社会,都是有可能发生的。不过,在资本主义社会里,这是资本主义社会的本性所决定的;在社会主义条件下,则是由国家所面临的任务和各种历史条件决定的。只有在这个意义上,我们才可以说,在一定的历史时期内,优先发展生产资料的生产是发展社会主义经济的必要条件。但即使在这种情况下,也并不排斥在这个总的历史时期的若干阶段上,出现两大部类大体平行发展或第Ⅱ部类优先发展的可能性。那些把生产资料优先增长看作

绝对的、不可改变的普遍规律的看法是不正确的。

第二,扩大再生产条件下两大部类平衡发展的三种趋势。(1)两大部类相适应地平衡发展是扩大再生产的内在规律。马克思的扩大再生产公式包括两个前提条件公式和一个平衡(实现)公式。这三个公式从不同的侧面反映了社会资本扩大再生产的客观要求。平衡公式 $I(v+\triangle v+m/x)=II(c+\triangle c)$ 集中反映了这个规律的要求,即第一部类扩大再生产需要由第 II 部类提供的全部生活资料的价值,等于第 II 部类扩大再生产需要由第 I 部类提供的全部生产资料的价值。这些要求,是任何社会扩大再生产顺利进行都必须要满足的。在扩大再生产条件下,两大部类发展速度的对比关系,则是这一客观规律的具体表现,这里所说的平衡,只是一种抽象。它只规定两部类生产的增长速度一定要互相适应,并不具体决定这种互相适应的对比关系究竟表现为哪一种趋势。具体决定这种趋势的,则是扩大再生产过程中存在的各种条件和因素。也就是说,这种平衡的要求是无条件的、绝对的;而它的实现,则是有条件的、相对的。(2)扩大再生产条件下两大部类平衡发展的三种趋势。具体决定两大部类平衡发展不同趋势的因素是很多的,诸如:劳动生产力的变化,资本有机构成,商品和资本价值的变化,剩余价值率,积累率,对外贸易等。但其中基本的或主要的因素有三个,即资本的有机构成、剩余价值率和积累率。由这三个因素在扩大再生产的不同年度(周期)以及不同部类的组合不同,因而对两大部类增长速度对比关系的影响也不同。一般说来,在其他两个因素不变的情况下,有机构成提高,势必会造成对生产资料需要的扩大,从而引起第一部类生产更快的增长;就剩余价值率而言,在其他两个因素不变的情况下,剩余价值率提高,往往导致剩余产品中归入消费资料的部分增加,从而引起第二部类生产的较快发展;就积累而言,则与剩余价值率提高时的情况相反。总之,这三种因素的变化对于两部类生产增长速度对比关系的影响是各不相同的,而每一种因素的变化本身又各有提高或降低两种方向。由于这些因素的不同组合,使两大部类的平衡发展呈现出三种趋势。第一种趋势:在资本有机构成、剩余价值率、积累率三者都不变的前提下,两大部类增长速度一致,即平行发展;第二种趋势:在只具备有机构成提高、剩余价值率降低、积累率提高这三种情况之一,而其余两项不变时,第 I 部类增长速度快于第 II 部类;第三种趋势:在具备有机构成降低、剩余价值率提高、积累率降低这三种情况之一,而其他两项不变时,第 II 部类生产的增长速度则快于第 I 部类。(3)平行与不平行发展和平衡规律。在现实经济生活中,两大部类生产增长速度的对比关系不外是这三种趋势。但这三种趋势并不是等量齐观、相互不联系的。首先,这三种趋势可以概括为,在两大部类生产增长速度上平行发展与不平行发展。但是,不论两大部类生产发展速度的对比关系出现哪种格局,是平行还是不平行的,但要使扩大再生产顺利实现,就都必须满足两大部类相适应地平衡发展规律的要求。从这个意义上说,所谓平行或不平行发展的要求都是相对的,而相适应地平衡发展的要求则是绝对的。其次,在现实的经济运动中,由于各种因素互相影响、彼此消长、综合作用的结果,平衡发展的基本趋势,既可表现为两大部类生产大体平行的发展,又可表现为第Ⅰ部类或第Ⅱ部类优先的不平行发展。最后,至于某个国家、某一个历史时期两大部类生产增长速度对比出现何种趋势,则是各种各样的因素相互作用的结果。如果各种因素的相互作用大体抵消了按相反方向对两大部类增长速度产生的影响,就可能出现平行发展的趋势;反之,则可能出现第二种、第三种趋势。

第三,一切从实际出发,尊重客观经济规律。扩大再生产条件下两大部类增长速度的对比关系,是由两大部类相适应地平衡发展的规律和各种因素共同决定的。社会主义扩大再生产过程中,在两大部类生产发展速度的对比关系上,没有什么现成的、一成不变的"程式"。因此,必须一切从实际出发,尊重客观经济规律,在充分调查研究的基础上,根据需要和可能,确定出最能反映两大部类相适应的平衡发展规律要求的两大部类增长速度的最优比例关系。如果反其道而行之,则势必遭到规律本身的惩罚。改革开放之后,要对国民经济进行调整,必须吸取之前正反两方面的经验和教训,严格按照有计划、按比例发展规律办事,力争确保两大部类之间及各部类内部的主要平衡关系,在持续地按比例均衡发展中求得高速度。

为了更加准确地阐明他本人在这一问题上的见解,许兴亚又先后单独或与人合作撰写了《生产资料生产的优先增长不是扩大再生产的必要条件》《再论扩大再生产条件下社会生产两大部类增长速度的对比关系》等多篇论文。在这些文章中,许兴亚进一步强调,生产资料生产优先增长不是扩大再生产的必要条件,也不是技术进步条件下扩大再生产的必要条件。

我国著名经济学家刘国光评价道:"许兴亚在《贵州科学》1981年第3期发表的一篇文章中,根据他提出的公式,认为两大部类增长速度的对比关系,直接取决于两个部类的资本有机构成、剩余价值率和积累率三个因素的对比关系。由于这三个因素的对比关系有不同的组合,两部类增长速度的对比关系也会出现I>II、II>I和平行发展的三种趋势。"作者分不同情况,考察了总有机构成、总剩余价值率、总积累率变化对两部类增长速度对比关系的影响,得出结论:"即使在总有机构成和总积累率提高的情况下,生产资料优先增长也只是两部类增长速度对比关系变化趋势中的一种情况。""文章指出了在怎样的具体约束条件下,两部类中何者增长较快,取决于哪些因素,它们如何结合,对社会再生产过程进行数学模拟和论证,是再生产理论研究的一个新发展。"

1983年在中国《资本论》研究会第三次学术讨论会上,许兴亚就此问题作了大会发言。在他发言后,北京的一位著名经济学家握着他的手说:"这个问题的讨论,在你发言后,实际上可以结束了。"

三、保证农、轻、重协调发展的理论

1984年,许兴亚和同学陆立军针对当时农业、轻工业和重工业比例调整问题,在《首先要保证农、轻、重协调发展》一文,在回顾历史经验的基础上,结合党的十二大提出的战略目标中的有关问题,系统表达了他们对农、轻、重协调发展问题的看法:

(1)我国在处理农、轻、重的相互关系问题上,曾走过一段曲折的道路,历史经验不能忘记。"一五"期间,我们对这个问题的处理是较好的,并且取得了巨大的成绩。当时,鉴于新中国成立前和新中国成立初期我国经济极端落后的情况,采取了"积极地工业化政策,即优先发展重工业的政策。""一五"时期我们对于优先发展重工业方针的理论论证,是从"国内面对着国民经济的落后状态,在国外还有凶恶的帝国主义的包围"的现实出发的。"其目的就是在于求得建立巩固的国防、满足人民需要和对国民经济实现社会主义改造的物质基础"。与此同时,还强调"在优先发展重工业的条件下,力求使各个经济部门——特别是工业和农业、重工业和轻工业——之间的发展保持适当的比例。避免彼此脱节。"这些都已被实践证明是正确的。但是,虽然在处理农轻重的关系上没有犯原则性的错误,农业连年增产,工业发展很快,人民生活逐步有所改善,但当时农轻重的相互关系已经表现出不大协调的苗头。农业已开始养不起因工业发展太猛而迅速增长的城市人口。正是在这种情况下,毛泽东在他的《论十大关系》一文中,总结了我国第一个五年计划以及苏联、东欧国家正反两方面的经验,突出地强调了发展农业和轻工业的重要意义,提出了一条通过多发展一些农业和轻工业来发展重工业的工业化道路。这是毛泽东对马克思主义再生产理论的重大贡献。

党的"八大"以后,党中央提出"为了满足我国社会主义扩大再生产的需要,完成社会主义工业化的任务……我们应当在三个五年计划的时期内,基本上建成一个完整的工业体系"的目标,也进一步强调了"在重工业优先发展的条件下,工业和农业同时并举,重工业和轻工业同时并举"的方针。党中央在六十年代初做出了调整国民经济的重大决策,并且提出了"以农业为基础,以工业为主导"的发展国民经济总方针,强调"把农业放在首要地位,正确处理工业和农业的关系,坚决地把工业部门的工作转移到以农业为基础的轨道上来。"后来,毛泽东同志又进一步提出了"以农、轻、重为序"安排国民经济的观点,体现了我党在农轻重相互关系问题认识的上深化。

理论上提出"以农业为基础,以工业为主导"的发展国民经济的总方针和"以农、轻、重为序"的主张,实践中需要有一个不断总结的过程。尽管大多数同志主观上都力图贯彻,但由于思想往往受流行观点的束缚,墨守"优先发展重工业"的模式,因而还是免不了会出些偏差,甚至出现严重失误。

党的十一届三中全会,是我党历史上一次重大转折,也是我国社会主义经济建设指导思想上的一个重大转折。正是在这次会议之后,党中央、国务院遵循马列主义、毛泽东思想关于实事求是、一切从实际出发的原则,在总结正反两方面经验的基础上,及时提出经济建设要从中国特点出发,适合我国国情,走出一条中国式的现代化道路。此后,我国国民经济的一系列调整,正是在吸取了新中国成立以来正反两方面经验教训的基础上,对马克思主义再生产理论以及毛泽东同志关于农、轻、重相互关系思想的正确运用和发展。

(2) 实现农、轻、重持续协调发展既是必要的,也是可能的。

首先,实现以农、轻、重为序、同步发展是可能的。党的十二大所提出的战略重点是农业、能源和交通以及教育和科学。这里,至关重要的是如何深刻理解这三个战略重点与"促进消费品生产的较快增长,带动整个工业和其他各项事业发展"的关系。因为从后面这句话的提法上来看,尽管并不一定意味着消费品生产的增长速度始终都要快于重工业或生产资料的生产,但与传统的以重工业的发展来带动农业和轻工业的提法是有原则区别的。尽管从纯粹理论分析的角度看,扩大再生产条件下国民经济的发展既可采用优先发展第Ⅰ部类生产的模式,也可采用优先发展Ⅱ部类生产的模式,还可采用两大部类大体平行发展或均衡发展的模式。就农业而言,从目前的实际情况,特别是农业生产责任制推行得较好的地方的实践来看,我国农业的发展具有很大潜力。今后随着各种形式的生产责任制的进一步推广以及科学种田和机械化的较大发展,全国农村、特别是那些目前仍然比较落后和低产的地区,农业劳动生产率的大幅度增长具有十分广阔的前景。在过去几年中,尽管严重的自然灾害并不少,但全国农业总产值仍以每年平均递增 7.5% 的速度前进,超过了 1978 年以前 26 年平均每年递增率的 1.3 倍,同时也大大超过了第六个五年计划所制定的每年平均递增 4% 的指标。再从轻工业看,从 1979 年到 1982 年的四年内,轻工业平均每年增长 11.8%。由此看来,无论农业还是轻工业,在今后 20 年内,以与重工业生产大体相当甚至略高于重工业的速度向前发展,并非不可能的。从重工业来看,随着重工业服务方向和国民经济结构的调整,重工业的发展速度已经由下降变为上升。因此,今后至少在一个相当长的时期内,重工业的发展速度仍应控制在与农业和轻工业的平均增长速度大体相当的水平为宜。

其次,为了实现改善人民生活、集中资金保证重点建设的任务,仍需把农、轻、重的发展速度摆在优先地位。人民群众物质文化需要的增长,首先就是对消费资料需求的增长。这就要求尽可能地加快农业和轻工业的发展,以便向城乡人民提供更多更好的粮食、棉布、化纤等基本的日用消费品以及耐用消费品。但"无论如何,城乡人民生活水平的提高都只能靠努力发展生产,而不能靠减少国家必不可少的建设资金,否则将损害人民的根本利益和长远利益"。这就说明,除必须"集中资金进行重点建设"之外,农业、轻工业和重工业都必须继续积累一部分建设资金。农业和轻工业对于资金积累的重大作用不可忽视。其中,轻工业尤其如此。总之,无论从生产建设还是从改善人民生活的角度看,也无论从积累还是消费的角度看,农、轻、重三者的作用都不可忽视,缺一不可。

最后,在国民经济各部门的发展中,情况不断变化,就其中任何一个部门的生产来讲,有些时期发展速度要稍快一些,有些时期也可能稍慢一些。就轻工业和重工业的发展来看,在有些时期轻工业的增长速度可能要快于重工业,在另一些时期,重工业的增长速度则有可能快于轻工业。

许兴亚关于马克思扩大再生产理论的系列观点,在学术界引起了较大反响。其中,他的关于马克思扩大再生产公式的三个公式的提法引起了我国马克思主义政治经济学界的重视[①],

---

① 胡文杰:《也谈马克思扩大再生产公式的几个问题》,《经济研究》,1980年第11期。

国内出版的很多政治经济学教科书都相继采用了三个基本公式的提法;他的关于生产资料生产优先增长不是扩大再生产的必要条件的观点,被评价为这方面的代表性观点①;他所提出的两部类增长速度的公式,被评价为国内最早提出的马克思经济增长公式②;他对于两大部类增长速度对比关系问题所进行的研究被评价为对两大部类对比关系的"数字模拟和数学论证",是"近年来马克思再生产理论研究的新进展"③。他的研究成果,先后获得河南省第一、二届优秀社会科学成果(论著)二、三等奖和河南省教委首届优秀社会科学成果特等奖。

通过对上述问题的研究,许兴亚教授还得出了一个附带的结论:马克思主义经济学不但是一门规范的科学,而且首先是一门实证的科学。尤其是它的社会主义部分,在本质上是一门关于社会主义社会的经济和社会发展以及人类自身全面发展的学说。

第五节 对经济全球化的二重性质与理性应对的探讨

我国越来越融入全球经济的洪流,参与到经济全球化进程之中;与此相伴的国际上的反全球化逆流也愈演愈烈。经济全

---

① 李学曾:《我国社会主义再生产理论研究的进展》,《经济研究》,1985年第7期。
② 杨铁牛:《马克思的经济增长理论研究》,内蒙古大学硕士学位论文,2011。
③ 刘国光:《关于再生产理论的研讨与述评》,《经济学文摘》1981年第3期。

球化的实质是什么？应该如何正确认识经济全球化？如何正确应对全球化？针对这些问题，许兴亚提出了自己的见解。

一、经济全球化具有二重性质

许兴亚认为，经济全球化乃是生产、交换国际化的产物，这一点毋庸置疑。但同时也必须看到，当今世界经济全球化的趋势，并没有从根本上改变它的资本主义性质。马克思早就指出由资产阶级和资本主义首先推动的世界市场的形成和经济的全球化，"从本质上来说，就是推广以资本为基础的生产或与资本相适应的生产方式。创造世界市场的趋势已经直接包含在资本的概念本身中"[①]。资本主义国家推动经济全球化服从于资本攫取利润的目的，是资本发展国际分工和交换的结果。"各国人民日益被卷入世界市场网，从而资本主义制度日益具有国际的性质。"[②]所谓经济的一体化和全球化不过是资本进行国际竞争的规则的一体化。而国际交换形成的世界市场不过是"资产阶级社会越出国家的界限。"[③]是资本的经济关系"以其最发展的形式，以其世界市场的形式出现。"[④]总体来看，"整个世界都融化在其中的那个崇高的观念，就是一个市场的观念，世界市场的观念"[⑤]。"全球化"不过是资产阶级正在"按照自己的形象，为

---

① 《马克思恩格斯全集》第46卷上，人民出版社1965年版，第391页。
② 《马克思恩格斯文集》第5卷，人民出版社2009年版，第874页。
③ 《马克思恩格斯全集》第46卷上，人民出版社1965年版，第219—220页。
④ 《马克思恩格斯全集》第46卷上，人民出版社1965年版，第7页。
⑤ 《马克思恩格斯全集》第13卷，人民出版社1962年版，第143页。

自己创造出一个世界。"①当今世界,在以美国为首的发达资本主义国家经济上仍然明显占有优势和统治地位的情况下,社会主义国家参与竞争,只能局部地、单方面地而不能从根本上改变这一性质。

许兴亚强调,值得重视的是,"按照自己的形象,为自己创造出一个世界"的全球化过程,在内容和形式上是随生产力发展而不断变化的。就目前来说,这一时期的主要内容是商品输出、资本输出和产业转移,同时金融资本在国际市场上对其他国家也大肆投机。同时,在对外贸易的政策上,则一如既往,在对本国资本和生产实行种种保护政策的同时,要求各国按照发达国家特别是美国的条件对其开放市场。随着这些内容的变换,全球化的组织形式也在翻新。例如,进入20世纪以来,跨国公司在全球经济中的作用明显增强。但国家作为资产阶级的集体代表仍然具有重要位置。跨国公司是国际化的主体,国际资本是载于这个躯体之上的血液和灵魂。而所谓国际资本不过是国内资本再生产中不断积累集中壮大起来的"经济体"。跨国公司在国内就是垄断资本,在国外就成为国际资本,同时存在把国际分工内部化和内部分工国际化的相反行为。跨国公司在全球生产中的作用日益突出,其生产总量目前已占全球生产总量的1/3,其国际贸易、投资和技术转让费用占全球的2/3,这表明国际资本的经济总量确实已经超过多数国家的经济总量,因此在国际活动中具有了摆脱国家独立开辟市场的较大可能性,成为

---

① 《马克思恩格斯全集》第4卷,人民出版社1958年版,第470页。

国际化的主体。这说明随着资本国际交换内容的发展，资本国际化的组织形式也发生了替代，由国家形式变为跨国公司形式，而国家本质上依旧是资本家阶级（资本人格化）利益的代表，跨国公司不过就是国际资本的外壳，其实质是一样的。

这个认识有助于澄清一些模糊认识，如有人就认为"各国国家利益的核心内容及战略手段"是"领土主义时代"下的产物，而战后"鉴于战争的惨痛教训，大国……转向通过和平的经济竞赛，以经济实力的较量赢得全球优势或霸权"，是进入了"经济主义时代"，同时又认为"那种认为国家利益一旦超越国家边界便等同于侵略或霸权主义的观点，可以说是典型的'领土主义时代'思维的产物"①，这实际上是以现象来代替事物的本质。

许兴亚指出，如果用唯物辩证法的观点来认识经济全球化，就不难发现它具有二重性质：从一般性上看，经济全球化是生产社会化进一步发展的必然结果，是国际分工和国际交换日益发展和相互作用的结果；但具体来看，不能忽视它具有的特殊社会性质，经济全球化也带来南北国家发展差距的扩大，国际竞争加剧，生态环境破坏，政局动荡等一系列的问题。到目前为止，经济全球化的主导权仍然是掌握在发达国家手中，这是由其生产力发达程度决定的。新兴国家参与全球化过程总要被迫接受一系列所谓自由化、市场化的各种统一规则，不得不接受很多不合

---

① 张国强、祭立怀：《经济全球化认识中需澄清的几个疑难问题》，《社会科学论坛》，1999(5/6)：76。

理条款。所谓的统一规则并不是公平的、对等的。换句话就是,全球化反映的主要是发达资产阶级国家的利益,使其服从于资本国际化游戏的目的和需要。那么,其性质会不会变化? 可能性不能说没有,但至少应该说这种变化将是一个相当长的历史过程。这是由国际分工中的矛盾变化决定的。全球化中的主要矛盾仍是南北矛盾和东西矛盾两大方面。尽管由于国际经济组织中南方国家成员越来越多,其联合趋于加强,但现实表明,其经济实力总的来说还是太弱。因此,应该对当前全球化的性质和前景保持清醒认识。

二、中国应冷静面对全球化

许兴亚认为,由于经济全球化浪潮有其作为客观经济规律的一般意义和普遍意义,因此中国已经不可能置身事外。但是,我们一定要有全面的认识、冷静的态度,要制订合理的策略。

首先,应该对全球化的二重性有全面认识,只有这样才能够更好地坚持扩大开放和深化改革的方针,客观地、积极地迎接全球化的浪潮。其次,作为一个发展中的社会主义国家,我国在参与全球化的竞争过程中,要始终把国家和民族的利益放在首位,同时综合运用多种手段广泛团结第三世界发展中国家,团结周边有较密切共同利益的国家,逐步加强周边区域经济的集团化,争取中国在国际经济中有较大的主动性和话语权。尽力促进经济全球化朝着正确的方向发展,并尽力创造一个有利的战略性国际环境。再次,当今国际竞争仍然是以经济和科技为核心的综合国力的竞争,从根本上来说,是人才的竞争。要想在激烈的国际竞争中处于优势地位,必须大力增强我国的经济和科技实力,增强创新能力和实施人才强国战略。第四,要吸取其他国家参与全球化的教训,尽力避免一体化的陷阱或削减其负面影响。亚洲金融危机、美国的次贷危机和欧洲债务危机给人们带来的危害是惨重的,留下的印象是深刻的。中国作为全球最大的发展中国家,一方面要顺应全球化的历史大趋势,进一步深化改革,努力扩大对外开放,另一方面,还要积极防范和化解全球化所带来的负面影响和各种挑战,充分发挥社会主义国家集中力量办大事的制度优势,实行强有力的宏观调控,保持经济社会持续健康有序地发展,同时,通过自身发展促进国际交流和合作,努力构建人类命运共同体,促进世界经济共同繁荣。

第六节　对建党以来马克思主义经济学四次重要创新的理论阐释

马克思主义经济学在中国的传播与发展,包括它的翻译、介绍、出版、研究、应用和创新取得了重大成就。许兴亚在《厦门特区党校学报》2007年第3期撰文对马克思主义经济学的中国化进程进行了梳理和总结,他认为,中国共产党建党以来实现了对于马克思主义经济学的四次重要创新。

一、以毛泽东经济思想为代表的中国新民主主义经济的理论

以毛泽东经济思想为代表的中国新民主主义经济的理论,是中国共产党在新中国成立以前的28年对于马克思主义经济

学的重要创新成果。

中国共产党和中国人民真正开始了解和掌握马克思主义经济学,是在1919年俄国十月社会主义革命以后。中国共产党对于马克思主义的学习和运用亦即"使马克思主义在中国具体化"的过程,同时也是对于马克思主义的发展和创新的过程。中国共产党人在新民主主义革命时期对于马克思主义经济学所做出的最为重要的贡献,主要体现为毛泽东的新民主主义经济理论。其中最重要的,许兴亚认为,是在以下三个方面:

(一) 对于中国社会的性质亦即中国国情的科学认识

毛泽东在《中国革命和中国共产党》一文中说:"中国现时的社会,是一个殖民地、半殖民地、半封建性质的社会。只有认清中国社会的性质,才能认清中国革命的对象、中国革命的任务、中国革命的动力、中国革命的性质、中国革命的前途和转变。所以,认清中国社会的性质,就是说,认清中国的国情,乃是认清一切革命问题的基本的根据。"[①]

以毛泽东为代表的共产党人,不仅从概念上说明了什么叫"国情",而且对这一国情作出了唯一科学的、实事求是的判断和分析。这既是对于马克思主义政治经济学资本主义部分的科学原理的重要丰富和发展,同时也为中国革命分两步走,经过无产阶级领导的新民主主义革命,而后进一步走上社会主义道路的纲领和策略,提供了基本的依据。而半殖民地半封建的旧中

---

① 《毛泽东选集》第2卷,人民出版社,1991年版,第633页。

国,正是以这种特殊的和畸形的社会形态,经历了特殊的资本主义历史阶段。因此,那种认为中国没有经历过资本主义社会,因而社会主义搞早了和搞糟了的看法,是不能成立的。

(二) 关于新民主主义革命的性质及其与世界无产阶级社会主义革命的关系的理论

毛泽东在《中国革命和中国共产党》中指出:"现时中国的资产阶级民主主义的革命,已不是旧式的一般的资产阶级民主主义的革命……而是新式的特殊的资产阶级民主主义的革命。这种革命正在中国和一切殖民地半殖民地国家发展起来,我们称这种革命为新民主主义的革命。这种新民主主义的革命是世界无产阶级社会主义革命的一部分,它是坚决地反对帝国主义即国际资本主义的……因此,这种新式的民主革命,虽然在一方面是替资本主义扫清道路,但在另一方面又是替社会主义创造前提。"[①]

在《新民主主义论》中毛泽东指出:"中国资产阶级民主主义革命,自从1914年爆发第一次帝国主义世界大战和1917年俄国十月革命在地球六分之一的土地上建立了社会主义国家以来,起了一个变化。在这以前,中国资产阶级民主主义革命,是属于旧的世界资产阶级民主主义革命的范畴之内的,是属于旧的世界资产阶级民主主义革命的一部分。在这以后,中国资产阶级民主主义革命,却改变为属于新的资产阶级民主主义革命

---

① 《毛泽东选集》第2卷,人民出版社,1991年版,第647页。

的范畴,而在革命的阵线上说来,则属于世界无产阶级社会主义革命的一部分了"。①

毛泽东在这里对于中国民主主义革命两个阶段的划分,主要是从"第一次帝国主义世界大战和第一次胜利的社会主义十月革命,改变了整个世界历史的方向,划分了整个世界历史的时代"②这个角度来看的。而如果把这一点放到更加广阔的历史视野中来看待,许兴亚认为,即便是孙中山先生领导的中国旧民主主义革命,也已经具备了"世界社会主义革命战线的同盟军"的性质。因为按照马克思恩格斯1848年《共产党宣言》中的论述,资产阶级早已"按照自己的面貌为自己创造出"了"一个世界",由此我们也就不难理解,就连孙中山先生本人,也在主观上把自己看作是"社会主义者"的原因之一。只不过,孙中山先生领导的"国民革命"的领导权还没有掌握在无产阶级的手里,因此在其具体纲领中也就还谈不上"替社会主义创造前提"。

(三)关于新民主主义的经济纲领、经济成分,以及新民主主义的经济政策和发展国民经济的方针的理论

毛泽东在《中国革命和中国共产党》中说:"这种新民主主义的革命是世界无产阶级社会主义革命的一部分,它是坚决地反对帝国主义即国际资本主义的……它在经济上是把帝国主义

---

① 《毛泽东选集》第2卷,人民出版社,1991年版,第667页。
② 《毛泽东选集》第2卷,人民出版社,1991年版,第667页。

者和汉奸反动派的大资本大企业收归国家经营,把地主阶级的土地分配给农民所有,同时保存一般的私人资本主义的企业,并不废除富农经济。因此,这种新式的民主革命……在另一方面又是替社会主义创造前提。"①

毛泽东在《新民主主义论》中说:"大银行、大工业、大商业,归这个共和国的国家所有……在无产阶级领导下的新民主主义共和国的国营经济是社会主义的性质,是整个国民经济的领导力量,但这个共和国并不没收其他资本主义的私有财产,并不禁止'不能操纵国民生计'的资本主义生产的发展"。

"这个共和国将采取某种必要的方法,没收地主的土地,分配给无地和少地农民,实行中山先生'耕者有其田'的口号,扫除农村中的封建关系,把土地变为农民的私产……在这个阶段上,一般地还不是建立社会主义的农业,但在'耕者有其田'的基础上所发展起来的各种合作经济,也具有社会主义的因素。"

"中国的经济,一定要走'节制资本'和'平均地权'的路,决不能'少数人所得而私',决不能让少数资本家少数地主'操纵国民生计',决不能建立欧美式的资本主义社会,也决不能还是旧的半封建社会。谁要是敢于违反这个方向,他就一定达不到目的,他就自己要碰破头的。"

"这就是革命的中国、抗日的中国应该建立和必然建立的内部经济关系。"

---

① 《毛泽东选集》第2卷,人民出版社,1991年版,第647页。

"这样的经济,就是新民主主义的经济。"①

可见,自从新民主主义革命那时起,中国的马克思主义经济学就已经不再是一种单纯地从国外"舶来"的学说,而是已经成为深深地植根于中国这片土地上的中国化了的马克思主义经济学。

与此同时,中国知识界的马克思主义经济学者,在对马克思主义经济学经典著作的翻译,以及在对马克思主义经济学基本原理的学习、传播、研究和应用方面,也都取得了一系列的成绩。其中,郭大力和王亚南同志合作、直接从德文版翻译过来的《资本论》,堪称这一时期的最具有代表性的成果。

二、社会主义革命和社会主义经济建设的理论

许兴亚认为,从中华人民共和国成立后到改革开放前,中国共产党对于马克思主义经济学的重要创新成果是以毛泽东经济思想为代表的中国社会主义革命和社会主义经济建设的理论。

随着中国共产党所领导的新民主主义革命的胜利,马克思主义经济学就开始成为新中国占统治地位的经济学。从1949年10月1日中华人民共和国的成立到1978年12月党的十一届三中全会召开,又可以分为以下几个小的历史阶段,取得了以下几个方面的理论成果。

---

① 《毛泽东选集》第2卷,人民出版社,1991年版,第678—679页。

（一）从1949年10月1日中华人民共和国的成立到1956年生产资料所有制方面的社会主义改造基本完成的时期

这一时期中国共产党对于马克思主义经济学所做出的主要贡献，就是党在过渡时期的总路线理论，也就是"一化三改"的理论。这一理论的主要内容，有以下四个方面：

（1）没收大资产阶级的官僚资本归无产阶级专政的国家所有，建立起强大的社会主义性质的国有经济。

（2）遵循马克思主义的历史唯物主义的基本思想，把实现国家的工业化和社会主义改造提到同等重要的位置，并且把国家的工业化摆在首位，实行"两筐鸡蛋一肩挑"，从而创造性地运用和发展了马克思主义经济学中关于从资本主义向社会主义过渡的过渡时期的理论。

（3）在对农业、手工业和资本主义工商业的社会主义改造的方法和途径上也有自己的许多创造：

在对农业的社会主义改造中，通过典型示范，在农民完全自愿的基础上，实行了从互助组到初级农业生产合作社，再到高级农业生产合作社的过渡的方法，取得了伟大的成功。在对资本主义工商业改造中，实行了从加工订货、统购包销到公私合营等一系列带有"赎买政策"性质的过渡措施，完成了对于全国资本主义工商业的社会主义改造。所有这一切，都极大地丰富和发展了马克思主义经济学关于从资本主义经济向社会主义经济过渡的理论，极大地丰富和发展了马克思主义经济学。中国共产党和中国人民的这些历史性的贡献,以其对于马克思主义及其经济学的创造性地运用和发展,而写入人类社会主义运动的编年史。而且事实上,其中有些方面的内容,也已经写入了苏联第3版政治经济学教科书。

(4)在国民经济的恢复和发展方面,也有一系列的创造。其中包括:迅速医治战争的创伤,禁绝黄、赌、毒,抑制由于战争和灾荒等造成的严重通货膨胀,以"低工资、多就业"的方针努力解决城镇失业问题,对国民党时代遗留下来的旧职员实行"包下来"的政策,在国民经济中努力贯彻"发展生产、繁荣经济、公私兼顾、劳资两利"的方针,在工农关系和城乡关系上实行城乡结合、工农结合,在干部队伍中开展反贪污、反浪费、反对官僚主义的斗争,对不法资本家开展"五反",以及努力开展国际贸易等。

与此同时,在我国经济学界和我国高校的经济学教育中,确立了马克思主义的指导地位,并且建立起了包括马克思主义的理论经济学和应用经济学在内的、统一的马克思主义经济学理论体系。此外在马克思主义经济学的理论研究和传播方面也出了一批重要的成果,其中包括马克思主义经典著作的翻译和出版,以及学术界关于过渡时期的经济问题的讨论等。

(二)从1956年生产资料所有制改造的基本完成到1966年

这段时期是开始大规模进行中国式的社会主义现代化建设的时期,同时也是中国共产党和中国人民开始对社会主义经济体制改革进行早期探索的时期。中国共产党在这一时期对于马克思主义经济学所做出的主要贡献在以下几个方面。

(1) 毛泽东在《论十大关系》和《关于正确处理人民内部矛盾的问题》等著作中所提出的关于社会主义社会的基本矛盾等一系列重要的社会主义经济思想。

由于毛泽东的这两篇重要著作都是在我国社会主义的经济制度已经基本建立以后,在认真调查研究和总结了苏联及东欧国家社会主义建设的经验教训的基础上形成的,并且其内容几乎涵盖了新建立的中国特色社会主义经济与社会关系的方方面面,因此也可以说这是新中国历史上真正的、中国版本的马克思主义经济学的社会主义经济理论的开山之作。

(2) 在党的八大前后所形成的以经济建设为重点的思想。

毛泽东指出:"社会主义革命的目的是为了解放生产力"[①]。他在关于党的八大准备工作的谈话中说,这一次重点是建设,有国内外形势,有社会主义改造,有建设,有人民民主专政,有党,报告里面有这么几个大题目,都可以讲。但是重点是两个,一个是社会主义改造,一个是经济建设。两个重点中,主要的还是建设。联系党的十一届三中全会以来所形成的"以经济建设为中心"的基本路线,同样也可以看出这一社会主义经济思想的长久的生命力。

(3) 党的八大前后所形成的"鼓足干劲,力争上游,多、快、好、省地建设社会主义"的社会主义建设的总路线,以及一整套

---

① 《毛泽东文集》(第7卷),人民出版社,1999年版,第1页。

"两条腿走路"的方针。

联系1960年以后的几次国民经济的调整和发展国民经济的总方针,以及联系2006年中央经济工作会议关于促进经济"又好又快"发展的提法,同样也可以看出这条总路线和总方针理论本身的正确性和科学性。

(4) 对于社会主义经济体制改革的探讨。

在这方面,最早和最有代表性的探索者,许兴亚认为无疑也是毛泽东同志。他在1956—1957年间所写下的《论十大关系》和《关于正确处理人民内部矛盾的问题》等著作,在一定意义上可以说已经开了这方面的先河。尤其是在1956年4月28日《在中共中央政治局扩大会议上的总结讲话》中,不仅已经涉及了工业中的集中和分散的关系、农业中的个人和集体的利益分配,以及民主管理等问题,尤其是针对苏联当时那种计划经济体制的弊端,以及我国社会主义经济制度建立以后经济建设中的新问题和新实际,提出了要认真研究"社会主义整个经济体制问题"。此外,在《论十大关系》一文指出:"提出这十个问题,都是围绕着一个基本方针,就是要把国内外一切积极因素调动起来,为社会主义事业服务。"[①]其中所提到的"国家和工厂、合作社的关系","工厂、合作社和生产者个人的关系",以及"中央和地方的关系"等,也同样属于社会主义经济体制方面的问题。例如,提到:"工人的劳动生产率提高了,他们的劳动条件和集体福利就需要逐步有所改进……随着整个国民经济的发展,工资也

---

① 《毛泽东文集》(第7卷),人民出版社,1999年版,第23页。

需要适当调整。"①还提到："把什么东西统统都集中在中央或省市,不给工厂一点权力、一点机动的余地、一点利益,恐怕不妥,中央、省市和工厂的权益究竟应当各有多大才适当,我们经验不多,还要研究。从原则上说,统一性和独立性是对立的统一,要有统一性也要有独立性……个人是这样,工厂和其他生产单位也是这样。各个生产单位都要有一个与统一性相联系的独立性,才会发展得更加活泼。"②而对于"国家和工厂、合作社的关系,工厂、合作社和生产者个人的关系",毛泽东所提出的总的原则就是："总之……都必须兼顾,不能只顾一头。无论只顾哪一头,都是不利于社会主义,不利于无产阶级专政的。这是一个关系到六亿人民的大问题,必须在全党和全国人民中间反复进行教育。"③由此可以看出:那种把毛泽东时期对于经济体制改革所进行的探讨,说成是仅限于中央和地方的分权的说法,是并不完全符合实际的。

(5) 关于计划与市场的相互关系,以及社会主义商品生产的理论。

陈云同志在党的八大上提出了"国家经营和集体经营为主、个体经营为辅,计划生产为主、自由生产为辅,国家市场为主、自由市场为辅"的经济体制改革构想。而毛泽东同志则在50年代末到60年代初着重阐明了在社会主义公有制条件下,

---

① 《毛泽东文集》(第7卷),人民出版社,1999年版,第28页。
② 《毛泽东文集》(第7卷),人民出版社,1999年版,第29页。
③ 《毛泽东文集》(第7卷),人民出版社,1999年版,第30-31页。

特别是在全民所有制条件下,商品生产存在的原因和必要性问题。这同样也不仅是对于马克思主义的社会主义经济理论的发展和创造,而且也包括了对于马克思主义的商品经济理论的重大的创新和贡献。

(6)关于国民经济的综合平衡和调整国民经济的思想。

毛泽东1956年4月8日《在中共中央政治局扩大会议上的总结讲话》中,就已经涉及了"全国平衡"的问题。在《论十大关系》和《关于正确处理人民内部矛盾的问题》这两部著作中,以及在其后的一系列著作中,所涉及的另一个方面的问题就是生产力的合理布局和国民经济的综合平衡。在这方面,许兴亚认为陈云同志在当时很好地发挥了毛泽东的这一经济思想。

(7)关于"农业是国民经济的基础"和安排国民经济要"以农、轻、重为序"的方针。

在20世纪60年代中国马克思主义经济学界围绕马克思主义再生产理论的讨论中,有的学者(如刘国光等)已经接近于提出了生产资料优先增长不是扩大再生产的必要条件的结论。许兴亚认为这在马克思主义经济学的历史上,也是值得称道的贡献。

(8)关于自力更生、艰苦奋斗的经济建设和经济工作的方针。

这一点,许兴亚认为即使在今天的历史条件下,也仍然具有十分重要的现实意义。

(9)关于对外开放和向外国学习一切好的东西的思想。

毛泽东在《论十大关系》中指出:"我们提出向外国学习的

口号,我想是提得对的。现在有些国家的领导人就不愿意提,甚至不敢提这个口号。这是要有一点勇气的,就是要把戏台上的那个架子放下来。""应当承认,每个民族都有它的长处……有人以为社会主义就了不起,一点缺点也没有了。哪有这个事?应当承认,总是有优点和缺点这两点。""我们的方针是,一切民族、一切国家的长处都要学。政治、经济、科学、技术、文学、艺术的一切真正好的东西都要学。但是,必须有分析有批判地学,不能盲目地学,不能一切照抄,机械搬用。他们的短处、缺点,当然不要学。"①

(10) 关于实现四个现代化的蓝图和规划。

毛泽东说:"我国人民应该有一个远大的规划,要在几十年内,努力改变我国在经济上和科学文化上的落后状况,迅速达到世界上的先进水平"②。据此,以毛泽东为代表的中国产党人所提出、规划并由周恩来同志在第三届全国人民代表大会第一次会议上公开宣布了实现四个现代化的宏伟蓝图和分"两步走"的战略设想,即第一步,建成一个独立的比较完整的工业体系和国民经济体系;第二步,全面实现农业、工业、国防和科学技术的现代化,使我国经济走在世界的前列。

(三) 从1966年至1978年党的十一届三中全会时期

对于这段历史,党的十一届六中全会已经做出了历史决议。

---

① 《毛泽东文集》(第7卷),人民出版社,1999年版,第41页。
② 《毛泽东文集》(第7卷),人民出版社,1999年版,第2页。

许兴亚强调:即使对于我国这一阶段的社会主义经济建设的历史和理论,也不应采取完全否定的做法。例如,邓小平多次提到过的"社会主义的优越性,就是可以集中力量办大事",在这一时期的农业、工业、国防和科技工作中也都得到了明显的体现。

许兴亚那个时候就特别强调要用联系的、互不否定的历史观看待改革开放前后的党的路线方针和政策。在他看来,改革开放后所形成的一切正确的理论、路线和方针,都是此前中国共产党的那些正确的马克思主义理论的继续。任何人为地把中国共产党的历史割裂开来,把新中国社会主义经济建设的历史割裂开来甚至对立起来的想法和做法,都是错误的,不符合历史实际的。

三、以邓小平理论为旗帜的"中国特色社会主义经济"理论

许兴亚认为,党的十一届三中全会后的一段时间,中国共产党对于马克思主义经济学的重要创新成果是以邓小平理论为旗帜的"中国特色社会主义经济"的理论。

(一)关于"中国特色社会主义初级阶段的理论"与"中国特色社会主义经济理论"的关系

许兴亚认为,正如在中国新民主主义革命时期中国共产党"对于旧中国殖民地、半殖民地、半封建社会性质的认识"构成全部"中国新民主主义经济理论"的前提和基础一样,"中国特

色社会主义社会初级阶段的理论"与"中国特色社会主义经济理论"的关系,也是如此。因此应该比照关于"新民主主义经济理论"的提法,把它们统一于"中国特色社会主义经济"这一理论中。

（二）关于"中国特色社会主义经济理论"与"中国特色社会主义市场经济理论"和"三个代表"重要思想的关系

许兴亚指出,要充分肯定在对邓小平理论的概括、运用和发展中,以及在"中国特色社会主义经济理论"的形成中,以江泽民为核心的中国共产党,所做出的不可替代的历史性贡献。其中特别是"社会主义市场经济理论"和"三个代表"重要思想,是由江泽民代表党中央在党的十四大、十五大和十六大报告中正式提出的。同时,也正是以江泽民同志为核心的党中央,对这些理论做出了最科学和最权威的解释。正如江泽民在党的十五大报告中所概括的那样："中国特色社会主义市场经济"的规定和要求,已经作为"中国特色社会主义经济"的一个方面的规定而包含在后者当中了。

（三）关于"中国特色社会主义经济理论"与"中国新民主主义经济理论",以及"毛泽东社会主义经济理论"的关系

许兴亚认为,前者是对后两者的直接继承和发展,而不是对

于后两者的背离和否定。因为,马克思主义、列宁主义、毛泽东思想和邓小平理论,是一个一脉相承又与时俱进的理论体系;而且,前一理论中的许多具体提法、认识问题的方法,也都是直接根源于毛泽东经济思想的。

例如,就拿构成"中国特色社会主义经济理论"的立论的基础——"中国特色社会主义初级阶段的理论"来说。这一认识的理论上的根据,除了马克思和列宁关于社会阶段划分的理论和方法,以及关于从资本主义向共产主义过渡的"过渡时期"的理论外,最直接的就是前面已经提到的中国共产党人关于"国情"问题的认识和方法。不仅如此,而且就连"社会主义社会初级阶段"这一概念的科学内涵和实质,也是毛泽东同志最先提出的。正如江泽民在党的十五大报告中所说的:"社会主义是共产主义的初级阶段,而中国又处在社会主义的初级阶段,就是不发达的阶段。"而这个"不发达的阶段"的提法,最先就是毛泽东在20世纪50年代末60年代初提出的。他并且指出:这样的历史进程,至少需要一百年时间。至于巩固和发展社会主义制度,那还需要更长的时间,需要几代人、十几代人,甚至几十代人坚持不懈地努力奋斗。

再如,关于"经济体制"问题的提法。这一问题实际上早在1956年生产资料所有制方面的社会主义改造完成不久,在中共八大以前,针对"一五"时期的实践,毛泽东就已经敏锐地提出了,而且他所提到的已经不是某个或某些方面的问题,而是"整个经济体制"的问题。

再如关于社会主义商品生产的问题。实际上,除了马克思、恩格斯、列宁和斯大林以外,在我国,在党和国家的领导人当中,同样也是毛泽东最早提出了在社会主义公有制经济中的商品生产的必要性问题,并且对它存在的原因,突破了斯大林的"两种所有制"的说法,把它归结于"归根到底要取决于生产力发展水平"。再联系毛泽东的说法,即:"商品生产不能与资本主义混为一谈……要看它是同什么经济制度相联系,同资本主义制度相联系就是资本主义的商品生产,同社会主义制度相联系就是社会主义的商品生产。"①只要把其中的"商品生产"换成"市场经济",那么,这与邓小平的说法,即"为什么一谈市场就说是资本主义,只有计划才是社会主义呢?……它为社会主义服务,就是社会主义的;为资本主义服务,就是资本主义的"②等,甚至连在语言上都几乎是一致的。

许兴亚进一步强调:党的十一届三中全会以来,中国共产党在马克思主义经济学理论上的一系列重要发展和贡献,与马列主义、毛泽东思想都是一脉相承的。任何一种把中国现阶段所采取的各种方针和政策,与所谓的"经典马克思主义",以及与所谓的"传统的科学社会主义"对立起来的见解,都是不能成立的。

四、"科学发展观"和"构建社会主义和谐社会"等理论

许兴亚认为,党的十六大到党的十八大召开前,中国共产党

---

① 《毛泽东文集》(第7卷),人民出版社,1999年版,第439页。
② 《邓小平文选》(第3卷),人民出版社,1993年版,第203页。

对于马克思主义经济学的重要创新成果是"以人为本的科学发展观"和"构建社会主义和谐社会"的理论。这一理论的重大而深远的意义,主要体现在以下几个方面。

(一) 从理论本身的角度看

许兴亚认为,这一理论体现了马克思主义的全部科学社会主义的本质。因为马克思主义的社会主义经济理论,本身无非就是一种最彻底、最革命和最科学的关于"人类社会的解放和发展"的学说。而马克思主义所说的"人",不是单个的、孤立于社会之外的抽象存在物,而是一定社会关系的总和。科学社会主义的创始人马克思恩格斯自从创立他们的学说伊始,就确立了他们的关于"人的解放"的学说,以及他们的关于实现"人与自然界之间的和解"及"人与人之间的和解"的学说(参见发表于1844年《德法年鉴》上的马克思的《论犹太人问题》和恩格斯的《国民经济学批判大纲》)。马克思主义成熟时期的著作,例如在《共产党宣言》和《资本论》等著作中,同样也贯穿了这样的思想。

(二) 从社会主义运动史的角度看

许兴亚认为,这也是21世纪人类社会主义事业的一项重要成果。它标志着:从19世纪以来就开始了的、全世界无产阶级的社会主义和共产主义事业,在经历了波澜壮阔的反复和曲折以后,在21世纪的中国和世界,正在日益走向成熟。因为,马克思主义者始终不渝的奋斗目标,就是人类社会的自由和解放。在苏联,这种奋斗曾经取得了令全世界资本主义势力为之胆战心惊的成就。加上第二次世界大战以后在欧洲和亚洲出现的一系列社会主义国家,以至于在全世界一度出现了社会主义阵营与资本主义阵营平分秋色的大好局面。但是,由于社会主义与资本主义相比毕竟属于新生事物,资本主义世界已经有了数百年的历史;以苏联为代表的苏东社会主义国家在社会主义革命和建设中,以及在社会主义改革过程中,出现了一系列严重失误,结果导致了20世纪末的社会主义事业的严重挫折和倒退。值得庆幸的是,中国共产党在其成立以来的三个28年中,一直高举马克思主义旗帜,经受住了一次又一次惊涛骇浪的严峻考验,使中国的社会主义事业得到了新的重大的发展。中国共产党提出的"以人为本的科学发展观"和"构建社会主义和谐社会"等创新理论,既是对于以往历史经验的科学总结,又科学地指明了新世纪社会主义前进的方向。

(三) 从我国改革开放和社会主义现代化建设实践的角度看

许兴亚认为,这既是对我国改革开放以来实践经验的科学总结,也是对于各种非科学、非和谐的发展观和改革观的一种重要的拨乱反正。它标志着我党在社会主义现代化建设和经济体制改革指导思想上的一次重大的提升和飞跃。随着我国生产力的不断发展,社会主义的生产关系也必将不断发展壮大。

许兴亚特别指出:在我国改革开放和社会主义现代化建设

实践进程中,始终存在着社会主义的改革与发展观与"全盘西化"的资产阶级自由化的斗争。其中从我国经济学界、特别是马克思主义经济学界自身的情况来看,除了在党的领导下取得了一系列重大成果和重要推进之外,也遇到了一些严峻的挑战。而其中最突出的,就是资产阶级经济学的意识形态对于人们的腐蚀和影响,以及对于社会主义实践的干扰。值得庆幸和令人感到十分欣慰的是:中国的改革开放和经济发展的主导权,始终掌握在以中共中央为代表的马克思主义者手中。而那些自觉地坚持资产阶级世界观,坚决推行资产阶级改革观和资产阶级发展观的人,在中国永远都只能是极少数。中国的社会主义事业大有希望。中国马克思主义经济学的进一步发展大有希望。

第七节 对资产阶级政治经济学及其改革观的批判

为了繁荣发展中国特色社会主义政治经济学,需要正确对待马克思主义经济学和非马克思主义政治经济学。许兴亚指出:政治经济学,或者说经济学,在它诞生时首先是一门资产阶级的科学。自从马克思主义诞生以来,它就分成了互相对立的两大阵营,即马克思主义政治经济学和资产阶级政治经济学。改革开放以来,我国引进了一些西方资产阶级经济学的东西,这从比较和鉴别及批判地吸收和借鉴其中某些有益的成分的角度看,也是必要的。但是绝不能因此而否定和排挤马克思主义政治经济学的主流、主体和指导的地位,不能由此而误导和妨碍我国经济改革的社会主义方向。事实上,改革开放以来,我国始终存在着马克思主义政治经济学和资产阶级政治经济学,以及社会主义改革观和资产阶级改革观之间的尖锐斗争。许兴亚指出，目前我国所说的西方经济学，并非是一个单纯的地理或地域概念，而是资产阶级政治经济学的另一名称。尽管它的研究对象在客观上与马克思主义政治经济学特别是它的资本主义部分确实存在着许多共同的地方，但是作为一门资产阶级的经济学，则无论是古典的还是现代的，都存在一个共同的局限，那就是狭隘的资产阶级眼界的局限，也就是把资产阶级的经济关系和经济范畴看作是一般的和永恒的。这就从根本上抹杀了社会主义经济与资本主义经济之间的界限。至于其中的庸俗经济学，则还具有其特有的肤浅性、辩护性和调和性的特征。因此，作为一种意识形态，它在总体上与马克思主义的政治经济学以及社会主义的基本原理是相对立的。因此，我们在对西方经济学进行吸收和借鉴的时候，首先必须认清它的这些资产阶级意识形态的偏见，坚决地予以批判和清除。为此，他从西方经济学的立场（资产阶级立场）、观点（唯心史观）和方法（形而上学），再到当代西方经济学的一系列具体范畴和理论，进行了深入细致而又坚持不懈的批判和辨析。现仅就他对西方经济学中的"经济人"假设、市场经济理论和产权理论等错误理论的分析和批判做一介绍。

一、对"经济人"假设的批判

著名马克思主义经济学家程恩富教授，曾从8个方面批判了资产阶级经济学"完全自私经济人假设"，认为这一"理论假设"是"不够的或不确切的"，或者说存在这样那样的许多"误点",并提出了现代马克思主义政治经济学的新"经济人假设"的观点。许兴亚赞成程恩富的观点,同时又从不同的角度和方面进行了补充,发表了《马克思主义经济学应如何看待"经济人假设"——与程恩富同志商榷》一文,表达了自己对"经济人假设"的看法。

(一)资产阶级经济学"经济人假设"的实质是什么

许兴亚认为,这里的关键并不在于资产阶级经济学的"经济人假设"的片面性,亦即片面地强调了"经济人"是"完全自私"或"完全利己"的,而在于这并不单纯是一种所谓的"假设",而是在现实的"资产阶级社会"(德文 Bürgerliche Gesellschaft,亦即"市民社会")中活动着的、大大小小的"市民"亦即"资产者"(德文 Bürger,英文和法文 bourgeois,俄文 Буржуазия,日文ブゥシоア)的一种"理论抽象"。

在这个意义上,对于这个现实的"资产阶级社会"和这些现实的"资产者"来说,这种"假定"反倒才是客观的、合理的和真正有效力的。之所以如此,则又不能不"归功于"资产阶级经济学家们所特有的狭隘的资产阶级眼界,亦即资产阶级经济学的阶级局限性。如果不是这样,资产阶级经济学或许也就不再成其为资产阶级经济学,从而也就谈不上我们向它借鉴什么,以及与它的论战或对话。

关于这一点,马克思早在1843年所写的《黑格尔法哲学批判》中曾摘引了黑格尔下面的话:"市民社会是个人私利的战场,是一切人反对一切人的战场,同样,市民社会也是私人利益

跟特殊公共事务冲突的舞台,并且是它们二者共同跟国家的最高观点和命令冲突的舞台。"马克思进一步强调:"这里值得注意的是:

(1)市民社会被说成……一切人反对一切人的战争……

(2)在私人的利己主义中……既可以看出'市民爱国心的秘密'……

(3)'市民',即具有私人利益的人,被看做普遍物的对立面,市民社会的成员被看做'完备的个人';另一方面,国家也和'市民'这种'完备的个人'相对立。"①

可见,黑格尔所说的这种"市民"(并且作为"固定不变的个人"),事实上早已把所谓"经济人"(甚至是"理性经济人")的一切本质的规定,都已经包括在其中了。这并不是"假设",而是对于历史和事实的概括及描述。

关于"市民社会",马克思恩格斯指出:"'市民社会'这一用语是在18世纪产生的,当时财产关系已经摆脱了古典古代的和中世纪的共同体(Gemein-wesen)。真正的市民社会只是随同资产阶级发展起来的"。②

此外,在《政治经济学批判·导言》中,马克思还指出:"被斯密和李嘉图当作出发点的单个的孤立的猎人和渔夫,属于18

---

① 《马克思恩格斯全集》第1卷,人民出版社1956年版,第295—296页。此处"市民"一词的德文原文为"Bürger",也可以译作"资产者"。

② 《马克思恩格斯文集》第5卷,人民出版社2009年版,第582—583页。这段引文中后面一句话的德文原文为:"Die bürgerliche Gesellschaft als solche nt-wickelt sich erst mit der Buorgeoisie",也可以译作:"这一市民社会首先就是伴随着资产阶级而发展起来的"。

世纪的缺乏想象力的虚构……其实,这是对于16世纪以来就作了准备,而在18世纪大踏步走向成熟的'市民社会'的预感。在这个自由竞争的社会里,单个的人表现为摆脱了自然联系等,而在过去的历史时代,自然联系等使他成为一定的狭隘人群的附属物。这种18世纪的个人,一方面是封建社会形式解体的产物,另一方面是16世纪以来新兴生产力的产物,而在18世纪的预言家看来(斯密和李嘉图还完全以这些预言家为依据),这种个人是曾在过去存在过的理想;在他们看来,这种个人不是历史的结果,而是历史的起点。因为按照他们关于人性的观念,这种合乎自然的个人并不是从历史中产生的,而是由自然造成的。这样的错觉是到现在为止的每个新时代所具有的。"[1]

只要对照一下就不难看出,资产阶级经济学所谓的"经济人",所指其实就是这种"市民",即"资产者"。资产阶级经济学的错误则在于:硬要把这种"资产者"的属性,说成"一切人"的经济属性。而在我国社会主义条件下,这其实就是用资产阶级的"人性"即阶级性,来偷换社会主义的"人性"和阶级性。也正如马克思所指出的:"于是资产阶级关系就被乘机当作社会一般的颠扑不破的自然规律偷偷地塞了进来。这是整套手法的多少有意识的目的。"[2]

这对我国的包括许多党员和领导干部以及知识分子在内的人民群众的人生观、世界观和价值观,所起的腐蚀和破坏作用,

---

[1] 《马克思恩格斯文集》第8卷,人民出版社2009年版,第5—6页。
[2] 《马克思恩格斯文集》第8卷,人民出版社2009年版,第11页。

是不可低估的。

(二) 资产阶级经济学的"经济人假设"是用来做什么的

不是别的,而是为了论证所谓"市场经济",也就是萨缪尔森所说的"资本主义自由企业经济"的"效率"。① 正如萨缪尔森和诺德豪斯在《经济学》(第16版)中所说的:"亚当·斯密……最重要的是,他指出了市场的效率特征,并看出经济利益来源于个人的自利行为。""该原理表明:当个体自私地追求个人利益时,他或她好像为一只看不见的手所引导去实现公众的最佳福利。"②"当市场平衡了所有影响经济的力量时,市场就达到了供给和需求的市场均衡(market equilibrium of supply and demand)。""经济学的理论家已经证明,完全竞争的经济是有效率的。""经济学中最主要的结论之一,就是资源在理想化的竞争市场中的配置是有效率的。"③

资产阶级经济学的这种"证明"的荒谬性是显而易见的。因为,第一,资产阶级经济学家所谓的"市场均衡",是建立在

---

① "最后一种方式是资本主义的自由企业经济,或市场经济。""它有时被松散地称为'私有企业制度'或'竞争的私有财产资本主义'。"(萨缪尔森、诺德豪斯:《经济学》,高鸿业等译,中国发展出版社,1992年,第40、67页)"市场经济(market economy)是一种主要由个人和私人企业决定生产和消费的经济制度。"(萨缪尔森、诺德豪斯:《经济学》,萧琛译,华夏出版社,1999年,第5页)

② [美]保罗·萨缪尔森、威廉·诺德豪斯:《经济学》第16版,萧琛译,华夏出版社,1999年版,第3、23页。

③ [美]保罗·萨缪尔森、威廉·诺德豪斯:《经济学》第16版,萧琛译,华夏出版社,1999年版,第22、23、119页。

"完全竞争"的"假设"的基础之上的。因而他们所说的"均衡"首先也就只能是一种"假想的均衡"。第二,在现实中,即便"市场均衡"的可能性是存在的,但通向"均衡"的道路却是由一系列的"摩擦""失业""危机""过剩""污染"和"生产力的破坏",以及"两极分化"等"非效率"铺成的。第三,更何况,这里所说的"效率",并不是真正的"效率",亦即并不是马克思主义经济学所说的"劳动生产率"和"经济效益",而仅仅是一种既与"市场经济"无关、也与"计划经济"无关的、纯粹数学上的"可能性",亦即所谓"生产的可能性边界"。

最后,从经济学方法论的角度看,资产阶级经济学的"经济人假设",也暴露出了这些经济学家唯心主义和形而上学的方法论本质。这不仅表现在"假设"这一"用语"上,而且也表现在这种从"假设"出发,"推演出整个经济学体系和经济进化史"的方法上。

二、对资产阶级市场经济理论的批判

在马克思主义经典著作中,"商品经济"和"市场经济"的术语虽然是列宁而不是马克思恩格斯首先提出和使用的,但是马克思在《资本论》等著作中都既阐明了商品生产和货币经济与资本主义经济的联系,也阐明了它们与资本主义经济的区别。然而资产阶级经济学家却将市场经济说成是"资本主义的自由企业经济"①,从而把市场经济等同于资本主义经济。在我国,也有人把资本主义经济说成是"市场经济一般"。

对于这一点,许兴亚教授指出,按照马克思的论述,一方面,"商品经济"或"市场经济"是历史上某些时代所共有的,判断资本主义生产方式和生产关系的标志不在于生产要素在多大程度上来自市场,以及产品在多大程度上必须重新回到市场上去,而在于资本与雇佣劳动的对立。正因为如此,就不能把资本主义的有关规定说成"市场经济一般"的规定。另一方面,"市场经济"在现实中又总是与不同的社会制度结合在一起,而且这个"市场经济一般"首先也是从资本主义市场经济中抽象出来的。这就要求我们在建设社会主义市场经济体制的过程中,既不能把资本主义的市场经济说成是"市场经济一般"的规定,更不能用这个变了味的"市场经济一般"来"规范"或"裁剪"我国社会主义市场经济实践。因为这样做的结果和实质,就在于用资本主义的市场经济来冒充"市场经济一般"和"社会主义市场经济",从而全面颠覆社会主义经济基础,全面推行资本主义。对此,必须坚决反对。

三、对资产阶级"制度"和"产权"理论的批判

许兴亚认为,西方经济学中的"制度"和"产权"概念根本不同于马克思主义经济学中的"制度"和"所有制"概念。

---

① [美]保罗·A·萨缪尔森,威廉·D·诺德豪斯:《经济学》(第12版),中国发展出版社,1992年版,第40页。

马克思主义经济学中所说的"资产阶级经济制度"(德文 das System der bürgerlichen Ökonomie)指的是资产阶级的"经济体系",是指包括资本主义的生产方式和生产关系在内的经济关系的"总体",属于社会的"经济基础";而西方经济学(特别是所谓"新制度经济学")中所说的"制度"(英文 institution),包括所谓的"规则"和"习俗"等,则属于上层建筑,充其量是第二级或第三级的、派生的、转移来的、非原生的生产关系。马克思主义经济学中的"所有制"(德文 Eigentum,英文 property)是内容和形式的统一,其内容指的是"现实的经济关系",即一定的"生产关系的总和";而资产阶级经济学所说的"产权"(德文 Eigentumsrecht,英文 propertyrights 或 rights of property)指的仅仅是属于上层建筑方面的"法的"或者"权利的"关系,亦即"意志关系",它们的内容是由经济关系决定的。尤其是一些新自由主义的经济学家们,他们所鼓吹的"产权"归根到底不过是资产阶级的私人财产权,即凭借私人财产权得以侵占和剥削社会和他人财产的权利。因而,西方经济学中的"制度"和"产权"理论,不应当被当做我国社会主义经济体制改革的理论基础。

第四章　好学生、好丈夫

第一节　一名优秀的学生

作为新中国下成长起来的人民教师,许兴亚的大部分时间是在学校度过的。他曾经在一家网站为他开辟的"学者专栏"中这样介绍自己:"读书19年,带工资的农民1年,中学教师11年,大学教师39年。自认为21世纪必将是马克思主义、社会主义大发展的世纪!"

许兴亚从小学时期起就是一个爱学习的好学生。但是他觉得,从小学到初中他主要还是因为年龄小、爱读书,所以学习成绩比较好。只是到了高中时代,他的人生观才开始明晰起来,把自己的人生与共产主义的远大理想紧密结合起来。他怀念那时的班集体和他的同学们,怀念自己的班主任老师以及所有给自己上过课的老师们。在那个激情燃烧的岁月里,老师们忠诚党的教育事业,听党话、跟党走、艰苦奋斗,忠于职守,关爱同学而又积极上进的精神,都给他留下深刻的印象。特别是他的班主任王宣贞老师,出身贫苦,对党和人民的感情深厚,工作踏实肯干,任劳任怨,积极上进,给同学们树立了良好的榜样。这为许兴亚以后成为一位忠诚于党和人民教育事业的优秀教师起到了示范作用。

在大学时期,他非常感激在母校山东大学度过的那段美好时光。特别是在1964年秋到1966年上半年老师们带领他们上课,进行民兵大比武训练,到原济南军区机关慰问,以及下乡搞"社教"、搞"半农半读"试点等的场面,迄今仍记忆犹新。那时的师生关系是融洽的,师生都努力讲政治、求上进。他还记得,在他刚入校不久的时候,年级辅导员李福泰老师第一次跟他说话就拍着他的肩膀称他为"老许"。这是他一生中第一次被这样称呼。他也还清楚记得,1965年秋天,他们系的同学按照教育部和学校的安排到济南市郊区农村进行"半农半读"试点前,时任党总支副书记的赵明义老师在动员报告中引用的马克思的话:"未来教育对所有已满一定年龄的儿童来说,就是生产劳动同智育和体育相结合,它不仅是提高社会生产的一种方法,而且是造就全面发展的人的唯一方法。"他尤其不能忘记的是大学时期的两位政治经济学专业课老师和班主任——林圣学老师和杨培德老师。正是在他们所上的专业课上,许兴亚初步掌握了马克思主义政治经济学的许多基本原理,而且首次萌发了对于马克思主义再生产理论进行进一步深入钻研的想法。他在多年后写成了他的第一篇相关学术论文后,也曾在第一时间内寄给林圣学老师,征求林老师的意见。而当许兴亚在1990年代工作上遇到严重挫折,产生了想调离河南大学的想法时,当时已经担任了山东大学威海分校校长的杨培德老师,则在电话中宽慰了他,鼓励他在现有的工作岗位上,特别是学术带头人的岗位上坚持下去。

1978年10月,已经有了将近10年"为人师"体验的许兴亚

第四章 好学生、好丈夫

1987年全国高校社会主义经济理论与实践研讨会期间许兴亚与林圣学老师合影

又重新走进河南大学的课堂,成为一名新时期的研究生。作为一名已经有了将近10年教学和研究经历的"大学生",他深知教师这一职业像蜡烛一样燃烧自己、照亮学生的艰辛和奉献精神。1981年研究生毕业留校后,他虽然没有留在他的导师身边(导师周守正教授时任政治系主任),而是留在了《河南大学学报》编辑部,但他仍然义无反顾地承担起了老师助手的责任。

许兴亚的导师周守正教授是我国老一辈经济学家、教育家,河南大学经济学科的奠基人。他早年曾留学日本,攻读经济学。

他曾参与创办进步报纸《每日论坛报》并任主笔,后该报因支持学生运动被查封,他因此受到牵连并上了反动当局的黑名单,被迫于1948年底转移至香港。后经中共党组织(华南文教委)的介绍和保护,他穿过敌人的长江封锁线,于1949年2月经武汉来到中原解放区首府开封,在中原大学参加革命工作。1949年6月,新河南大学成立时,他被分配来参与河南大学的重建,任教授,兼任校政治研究室新民主主义政策研究组组长。1950年3月学校成立财经系,他任教授并曾先后兼任经济理论教研室主任、财经系主任、教务处副处长、政教系副主任以及政治系主任等职务。他长期从事马克思主义政治经济学和《资本论》的教学和研究,造诣颇深。在他的领导下,河南大学于1978年在全国率先成立了首家《资本论》研究室,招收了国家恢复研究生培养制度以后的首批政治经济学专业《资本论》研究方向的研究生。在指导研究生方面,他科学周密地制定和实施培养方案;坚持亲自给学生授课和指导科研,关心研究生的思想和业务,先后为研究生亲自开设了《资本论》研究、《剩余价值理论》研究、《资本论》创作史和手稿研究、《资本论》的方法,以及经济学动态、经济科学研究概论等课程。

许兴亚还在《河南大学学报》编辑部工作期间,从周老师那里接受的第一项任务,就是与其他两位同学一起,接过周老师的《资本论》课程的教学任务,给周老师腾出时间开设上面提到的那几门新课程。周老师同时提出:希望他们在他自己原有的十分简要的"教学大纲"的基础上,适当扩充一下,搞成一个稍微详细一点的《资本论》一至三卷《学习大纲》。这样就有了由他们3人共同完成的约8万字的《〈资本论〉学习大纲》油印稿。1985年经济研究所成立以后,承担研究生《资本论》课程的教学任务落到了许兴亚肩上。在以后的教学过程中,他又全部重新从头做起,并且经过多次扩充和修订,形成了总计达100万字的《〈资本论〉教学与研究纲要》,由周守正和许兴亚合作主编、中国经济出版社出版。该著作成为河南大学政治经济学专业在《资本论》研究方面的代表作并荣获2002年度河南省社会科学优秀成果一等奖。

同时,他作为责任编辑或副主编,协助周老师主编了《〈资本论〉和社会主义经济》的论文集之一和之二。在学报工作期间作为责任编辑编发了老师的部分稿件,包括周老师的《〈资本论〉逻辑开端的研究》《〈资本论〉和两个文明建设——河南省〈资本论〉研究会部分理事学习十二大文件笔谈会》《马克思对以往经济学家评价的历史态度》《〈资本论〉中的动态、静态分析和质、量分析》《论剩余价值一般形式转化为特殊形式的中介》(周守正、蔡继明合作)。他后来还与周老师合作发表了《在实践中学习和丰富〈资本论〉科学》和《国情·宪法〈资本论〉》等。此外,他还依据周老师的手稿和笔记,协助老师整理了6万余字的《〈资本论〉的结束部分》,收入相关的论文集。

另一方面,许兴亚通过创办河南大学经济研究所、经济系和经济学院,以及先后主持和参加"政治经济学"和"马克思主义基本原理"学位点的建设,实现了周老师念兹在兹的河南大学恢复和发展这两个学科的心愿。2006年7月,周守正教授因病住院。在先生临终前几天,当许兴亚前去探望并且向他汇报工作时说道,河南大学的政治经济学专业和马克思主义基本原理专业已获得博士学位授予权并即将开始招收博士生时,已经昏迷了几天的老先生竟然奇迹般地清醒和兴奋起来,笑容满面、精神焕发地接连大声说了几声"好、好、好"!那神态,那音容笑貌,连在身边守候和照顾了多日的家人和护士都高兴地笑了起来!

许兴亚和他的导师周守正教授

第四章 好学生、好丈夫

周守正教授90周岁华诞时的合影

2006年7月,周守正教授逝世之后,师母马超然把先生生前的全部手稿、笔记、文章和日记进行了仔细分类,并将这些手稿托付给了许兴亚。许兴亚深感责任重大,在没有任何经费和助手的情况下,他不顾自己年逾花甲,独自担当起整理出版周先生遗稿的重任。在繁重的工作之余,戴着老花镜对大批发黄的手稿进行细致的梳理、补充和完善,最终以《周守正文集》为书名出版,完成了老师的心愿。清华大学的蔡继明教授——许兴亚的师弟和学生——曾经真诚地说:"正如列宁在谈到恩格斯对于马克思《资本论》的贡献时引用奥地利社会民主党人阿德勒的话所说的'恩格斯出版《资本论》第2卷和第3卷,就是替他的天才朋友建立了一座庄严宏伟的纪念碑,无意中也把自己的名字不可磨灭地铭刻在上面了。'"许老师在对待周老师的著作的态度上,也是如此。

许兴亚整理出版的《周守正文集》

有人说,名师成就了高徒。也有人说,是高徒成就了名师。周守正教授曾经对他后来的学生说过:"我本无心求名,是你的师兄们让我出了名。"但在许兴亚看来,先生的业绩与声望是实至名归的。正是先生的精心培育才改变了他和他的同学们的人生轨迹,使他们进入了马克思主义经济学理论研究的殿堂。事实上,名师和高徒是相互成就的。周守正与许兴亚和他的同学们,就是这样相互成就的。

第二节 师生圈内闻名的好丈夫

许兴亚忠诚于爱情、婚姻与家庭,是一位河南大学师生圈内闻名的好丈夫。

第四章 好学生、好丈夫

许兴亚的夫人武凤珍是他的同乡,也是同一所中学毕业的同校不同届的校友。她的父亲曾经是一位八路军的副营长,母亲也是一位抗战和解放战争时期就参加革命的老党员、新中国成立后的村妇联主任。

与许兴亚一样,武凤珍也是在20世纪60年代初就加入了共青团,也曾经作为工作队队员参加过农村的"四清"运动。不同的是,她比许兴亚参加工作早。1961年9月,才18岁的她就已经从中专毕业,以"绿化祖国"为天职,走上了我国林业工作岗位,为所在的县、乡(人民公社)农村的造林绿化事业做出了自己的贡献,留下了青春的足迹。

他们的相识是经过长辈介绍的。1968年许兴亚临近大学毕业时,他们开始互相通信。同年12月,许兴亚大学毕业,已经确定要去内蒙古农村插队当农民时,他们才见面和结婚。对此,武凤珍丝毫没有动摇和犹豫,而是坚定地相信和支持他,并在许兴亚出发后不久就提出了调动工作的申请,义无反顾地从气候宜人的山东半岛来到风沙严重、干旱和寒冷的内蒙古高原敖汉旗,先是在许兴亚下乡时所在的公社,后来在许兴亚教书的学校附近的国有林场做林业工作。1978年许兴亚考取研究生以后,组织上为照顾他们,将她调入许兴亚任教的学校,担任了一名初中的历史课教师。在此期间,她一面从头学起,承担起繁重的教学任务,一面含辛茹苦,承担起独自照顾家庭、抚养两个年幼儿子的重担。那时,因为条件艰苦,住的是土房、睡的是土炕、吃的是粗粮,做饭烧的是柴火和烟煤,连吃水都要与不足10岁的儿子一起到深不见底的水井上用辘轳去打,再与儿子一起往家里抬。三九严寒的冬天，即使井沿上结了半米来高的冰疙瘩，也不例外。对此，许兴亚一直心存感激。所以，每次寒暑假和因事探亲回家，他都要买上几十斤的干面条，千里迢迢背回去，让她们母子改善一下生活。

1978年在内蒙古敖汉旗时的许兴亚夫妇

1981年许兴亚毕业留在河南大学工作后，武凤珍被调入到河南大学，分配到马列主义教研部资料室工作。为了尽快适应新的工作要求，她发愤图强，考取了政治理论专业的干部专修科（大专），并在学习期间入了党。毕业回单位后，她严于律己，低调做人，热心为读者服务，在兢兢业业地做好教辅工作的同时，努力做好丈夫的"贤内助"。

1998年武凤珍已到退休年龄。在此之前，作为一名图书资料系列的馆员，正赶上可以申请副高级职称的机会。按学历和资历，她已具备相应的条件，并且也已经为此积累了一定的科研成果。但为了家庭，也为了支持许兴亚的工作，她心甘情愿地放弃了这次机会，于当年12月按时退休,专职做起了许兴亚的"后勤"。

1998年12月武凤珍陪同许兴亚在日本讲学时,
在住地东京都一桥大学学术交流馆留影

天有不测风云。退休以后的2007年,武凤珍不幸患上了亚急性脊髓联合变性的疾病。虽然因抢救及时而得到治疗,但却留下了难以康复的损伤。再加上同时患有的帕金森病,导致行动困难,以至于连喝水、穿衣服、洗脸、洗头、洗澡、上厕所都需要有人照料。这时,许兴亚便责无旁贷地担当起照顾老伴的责任。许兴亚每周半天的讲课及偶尔外出开会和讲学时,两个儿子分别来做做饭,在其余的时间内,许兴亚便成了他老伴的全天候的陪伴和"护工"。作为一名因工作需要一再被延长退休年龄的博士生导师和老专家,他每天不仅要继续工作,而且还要亲自耐心细致地服侍老伴的日常起居,尽量挤时间陪老伴聊天,搀扶老伴进行适量的运动,以弥补年轻时因为工作过于繁忙而在这方面的"欠账"。有时,他在搀扶着老伴过马路、逛商场和在公园里练习走路的时候,经常会"遭到"一些年轻人善意的"偷拍",并且经常会听到啧啧的"夕阳红"的赞叹声。为了更好地帮助老伴康复,他还教会了老伴用智能手机和微信,根据老伴的爱好购买了一架电钢琴,让她每天弹一阵子,过把瘾,同时也锻炼一下坐姿和手指。为了妻子能够多晒晒太阳,进行一些必要的户外锻炼,许兴亚还专门购买了一辆老年代步车,坚持经常带妻子到校园里和附近的公园进行户外锻炼。人们经常看到,许兴亚牵扶着他的老伴徐徐地挪动着脚步,和风暖阳里,为百年河大和古老的城墙公园平添了一道美丽的风景。另一方面,为了照顾妻子,许兴亚也不得不推掉许多外出参加学术会议的机会。即使在开封,他也将时间安排得非常紧凑,即便是到学校给

博士生上课时,也都是步履匆匆。为了既不耽搁工作又不妨碍对老伴的照顾,许兴亚常常在老伴熟睡后,才开始他更加紧张的备课、研究和批改论文的工作,因而常常是熬到深夜甚至是通宵达旦。

许兴亚带老伴到校园和附近的公园进行户外锻炼

有感于许兴亚的事迹,他所在的河南大学经济学院党委和工会都曾提出希望把他家评为"五好家庭";党委宣传部的负责同志也曾征求他的意见,希望请省报的记者采访他,都被他诚恳地婉拒了。他对一些称赞他的年轻人说:这真的太正常了。你们将来如果遇到这种情况也会这样做的,而且可能会比我做得更好!

2019年10月许兴亚夫妇参加第四退休党支部党日活动,到兰考参观焦裕禄事迹展览